敬語と言葉づかい

マナーの便利帖

監修
NPO法人　日本サービスマナー協会

Gakken

📖 本書の使い方

はじめに

敬語は自分の考えや思いを、相手の立場も尊重しながら失礼なく正確に伝える言葉。いわばコミュニケーション術そのものです。これはビジネスシーンはもちろん、日々の暮らしでも大切なスキルです。しかし、誰もが自信を持って敬語を使いこなせているわけではありません。また、いざというときに正しい敬語が出てこないという経験をお持ちの方も多いでしょう。そんなとき、実践型の本書は大変便利です。豊富な実例からシーン別に正しい敬語がパッと見つけられます。敬語をきちんと身につけ、周囲から信頼される人となるために、ぜひ本書を職場のデスクなどすぐ手に届く場所に置いて、毎日ご活用ください。

本書の特長

本書は敬語の使い方に悩んだとき、正しい敬語のフレーズがすぐに確認できるよう、検索性やわかりやすさを重視した構成になっています。またイラスト図解で難しい敬語も視覚的に理解できるようになっています。

場面ごとの色別編集でサクッと検索!
職場や取引先への訪問といったビジネスシーンから暮らしのお付き合いまで、場面ごとにページが色分けされているので、知りたい敬語がすぐに見つけられます。

イラスト図解でわかりやすい!
正しい敬語の実例だけでなく、イラストや図解をもちいて解説しているので、敬語を使用する状況が簡単にイメージでき、視覚からも覚えることができます。

役立ちフレーズを370例掲載!
よく使う基本的な敬語のフレーズから状況に合わせた応用まで、圧倒的な数の実例を紹介。ページを開くたびに敬語の幅がどんどん広がります。

よく使う敬語の一覧を巻末に掲載!
日常でよく使う用語や言葉づかいを敬語に言い換え、一覧にまとめました。言い換えに悩んだときや敬語の基本を確認するのに大変便利です。

敬語は多くのフレーズを知ることも大切ですが、使い方のルールや基礎知識を理解していると、よりスムーズに覚えることができます。本書は敬語の基本や心構えからはじまり、実例を学んだ上で、さらに敬語の「マナーとコツ」といったプラスアルファの使い方が身につき、自然とステップアップできる構成になっています。

STEP 1
敬語の基礎知識と間違いやすい使い方をチェック

第1章では、敬語の種類や使い方のルールといった基礎知識と、間違いやすい敬語の実例を紹介しています。敬語を正しく使う上で大切な基礎がしっかりと身につきます。

STEP 2
ビジネスから暮らしまで、シーン別に正しいフレーズをチェック

第2章から7章では、職場での上司とのやりとりや取引先への訪問、ビジネスメール、冠婚葬祭など、さまざまな場面においての正しい敬語の実例を370フレーズ掲載。毎日活用すれば自然と敬語に慣れていきます。

STEP 3
敬語をより効果的に使うコツをチェック

各ページにあるコラム「マナーとコツ」では、それぞれのシーンで敬語をより正しく効果的に使うためのポイントを紹介しています。敬語は心を伝える言葉。このコラムを理解することで、相手への気づかいやちょっとした言い回しのコツがつかめます。

STEP 4
「さすが!」のポイントでワンランク上の言葉づかいをマスター

周りから信頼される、きちんとした大人としての、より活きた敬語の使い方を紹介しています。敬語に関連した行動マナーや、気持ちを伝えるためのプラスアルファの言い回しなどが身につきます。

シーン別、正しい敬語フレーズの見方

具体的な
シーンとポイント

仕事やご近所付き合いなどから、さまざまな場面を設定。また、敬語を使う際のポイントを紹介しています。

シチュエーション

敬語を使う場面で起こりうる具体的な状況を探すことができます。

NGフレーズ

つい言ってしまいがちなNGフレーズや、間違った表現を紹介しています。

正解フレーズ

基本に基づいた正しい敬語の実例がひと目でわかります。

実例 電話応対

シーン 1

電話を受ける

電話を受ける際、最初に名乗るのは会社名。この第一声をどう発するかが、まさしくその会社の第一印象につながります。温かみのある明瞭な声で対応しましょう。

シーン1　電話を受ける

|| 電話を取る

✕ これはNG! 「もしもし、○○社ですが」

○ はい、○○社でございます。

または… 「はい、○○社○○部でございます」

CHECK! 部署への直通番号の場合は、部署名まで名乗ることも。また、電話を受けるときは「もしもし」ではなく「はい」が適切。「○○社ですが」という言い方は失礼にあたります。

|| 電話を取るのに時間がかかった場合

✕ これはNG! （慌てて）「はい○○社です！」

○ お待たせしました、○○社でございます。

CHECK! 電話は、着信3コール以内にとるのがマナーです。それ以上かかってしまったときは、冒頭に「お待たせしました」と、ひと言加えましょう。状況によって「大変お待たせしました」と使い分けを。慌てて電話を取って、早口で社名を言わないよう注意しましょう。

|| 相手が名乗ったら

✕ これはNG! 「どうも、お世話様です」

○ お世話になっております。

または… 「いつも大変お世話になっております」

CHECK! 「お世話様です」という言い方は、感謝の気持ちを表す言葉を、わざわざ簡略しているような軽い印象を受けるので失礼です。丁寧に「お世話になっております」と伝えましょう。

084

別の正しい言い方実例

正解フレーズよりもさらに丁寧な言い方や別の表現が学べます。

具体的なシーンごとにまとめた正しい敬語のフレーズは、
知りたい表現をピンポイントで探せます。
また、使う場面を想定しながら、さまざまな敬語のフレーズを
覚えるのにも役立ちます。ここではその見方を説明します。

 相手の社名や名前が聞き取れなかった

✕ これは残念！ 「すみません、もう1回お願いします」

◯ 恐れ入りますが、もう一度 お聞かせいただけますでしょうか?

または！ 「申し訳ございません。もう一度うかがってもよろしいでしょうか?」

CHECK！ 社名や名前を再度聞くときは、申し訳ないという気持ちがしっかりと伝わるように意識してお願いしましょう。事務的に言うと、相手の気分を著しく害することになります。

電話の声が聞き取りづらい

✕ これは残念！ 「よく聞こえないんですが…」

◯ 申し訳ございません。 お電話が少々遠いようなのですが…

または！ 「申し訳ございません。お電話が遠いようでございます」

CHECK！ 相手の声が小さいときや、電話先の音がうるさいときにも、こうした表現を使うことができます。くれぐれも「もう少し大きな声でお願いします」と言わないようにしましょう。

上司の家族からの電話への応対

社外の人からの電話では、「身内側」の人間である上司についての話でも敬語表現は使いませんが、上司の家族からかかってきた場合は、その上司のことを敬語で話します。上司の家族に対して、「◯◯ですね。おりますので少々お待ちください」などと言わないように注意しましょう。また、上司に日頃お世話になっている感謝の気持ちを、家族にも伝えるようにします。

[上司の家族からの電話への応対例]

電話の相手：「私、◯◯の妻ですが、
　　　　　　　◯◯はおりますでしょうか?」

自分：「◯◯課長にはいつもお世話に
　　　なっております。ただいまお呼びしますので、
　　　少々お待ちください」

　　　(課長が席に不在の場合)
　　　「◯◯課長は、ただいま会議中でして、
　　　◯時には終わる予定でございます」

課長にはいつも
お世話になって
おります。

感謝の気持ちも
ひと言添えましょう。

CHECK！ポイント

正しい敬語に関する解説や注意するべき点、あわせて話し方も紹介しています。

場面別・色分けタグ

場面ごとに色分けされたタグで、すぐに目的のページを検索することができます。

マナーとコツ

正解フレーズで紹介した敬語や言葉づかいについての、プラスアルファの言い方や表現方法などを詳しく解説しています。

目次

第5章　就職活動で使う敬語のマナーとコツ

第6章　暮らしのお付き合いで使う敬語のマナーとコツ

第7章　メール・ビジネス文書「書く」敬語のマナーとコツ

マナーとコツ

「さすが！」と言われるPOINT

特別付録1

特別付録2

第 **1** 章

敬語の基本がわかれば、間違い敬語はソク改善

キホン その1　敬語は「言葉のマナー」

敬語とは、聞き手や話題の中に登場する人物・事象に対して、尊敬の意を表す言語表現です。敬語を使うことで、「私は、あなたのことを尊重し敬っています」という姿勢を相手に伝えることができます。これは、社会人に必ず求められる「言葉のマナー」であり、日々の業務をスムーズに進めるために欠かせない潤滑油のようなもの。言葉の使い方ひとつで相手が受ける心証は大きく変わります。正しい敬語を身につけて、取引先や周囲から信頼される社会人を目指しましょう。

キホン その2　敬語の種類

敬語には、尊敬語、謙譲語Ⅰ、謙譲語Ⅱ（丁重語）、丁寧語、美化語と、大きく分けて5つの種類があります。「○○に行く」という行為ひとつとっても、相手との関係性、目上と目下、身内側か外側かといった状況に合わせて、その表現が変わります。それぞれの違いや役割を理解し、正しい敬語を使うようにしましょう。

敬語の種類

尊敬語	相手を敬い、高める	例：来る⇒いらっしゃる
謙譲語Ⅰ	自分がへりくだることで相手を高める	例：行く⇒うかがう
謙譲語Ⅱ（丁重語）	自分の行為や物事を丁重に表現する	例：言う⇒申す
丁寧語	聞き手に対して丁寧に述べる	例：です／ます／〜でございます
美化語	言葉をより美しく表現する	例：お食事／お土産／ご祝儀

尊敬語

相手の行為や状態を立てることで、相手を高める。

取引先や上司・先輩など目上の人の行為や状態を言いたいとき、相手を高めて表現することで、その人を敬っている姿勢を伝えます。

相手を
高める

来る	⇒	いらっしゃる／おいでになる／お越しになる
言う	⇒	おっしゃる／言われる
見る	⇒	ご覧になる／見られる

〜する	⇒	〜される／〜なさる
待つ	⇒	お待ちになる
飲む	⇒	お飲みになる／飲まれる
書く	⇒	お書きになる／書かれる

敬語の基本

社内

社外・訪問先

電話応対

就職活動

暮らし

メール・文書

特別付録

自分の行為や状態を
へりくだることで、相手を高める。

自分の行為や状態をへりくだって表現することで、相手を高める敬語です。行為の先には、その対象となる相手が存在すると考えましょう。

引き受ける	⇒ 承る
行く	⇒ うかがう
言う	⇒ 申し上げる
見る	⇒ 拝見する
～する	⇒ いたす／いたします／～させていただく
待つ	⇒ お待ちする
飲む	⇒ いただく／頂戴する

自分の行為や状態を
丁重に表現する。

自分の行為や状態に対して、丁重に表現する敬語です。謙譲語Iのように、特定の相手を高めるのではなく、フォーマルな場で自分をへりくだって表現するものです。

行く・来る	⇒ まいる　まいります
言う	⇒ 申す／申します
知る	⇒ 存じる／存じます
居る	⇒ おる／おります
する	⇒ いたす／いたします

丁寧な気持ちを表現する。

尊敬語や謙譲語のように、相手を高めたり、へりくだったりする役割はありませんが、聞き手に対して、改まった気持ちを丁寧に表現する敬語です。

～です。	⇒ 例：明日は月曜日です。
～ます。	⇒ 例：明日は晴れると思います。
～います。	⇒ 例：駅が大変混みあっています。
～でございます。	⇒ 例：こちらが新商品でございます。

言葉を美しく上品に表現する。

単語の初めに「お」や「ご」をつけることで、言葉をより美しく、上品に表現するための敬語です。「盗難／事故／解雇／左遷」などの悪い意味を持つ単語や、外来語にはつけないので注意しましょう。

金	⇒ お金	天気	⇒ お天気
酒	⇒ お酒	飯	⇒ ご飯
茶	⇒ お茶	祝儀	⇒ ご祝儀
手紙	⇒ お手紙	結婚	⇒ ご結婚

●外来語にはつけません

例：✕ おコーヒー／おジュース／おバッグ

キホン その 3　間違い敬語にご用心！

日頃、正しいと思って使っている敬語や言葉づかいも、実は使い方そのものが間違っている場合があります。また、プライベートで気軽に使っているラフな言葉づかいも、ビジネスの場では適しません。間違い敬語のまま覚えてしまわないよう、ここでは勘違いしやすい敬語のパターンを紹介します。

二重敬語

ひとつのフレーズに敬語を二つ重ねてしまう、間違い敬語です。「お」＋「〜になる」という尊敬語に、「〜（ら）れる」という尊敬語を重ねてしまったり、謙譲語に「お」＋「〜する」という謙譲語を重ねたりと、丁寧さを意識するあまり過剰な表現になっている間違いです。

✕ **お越しになられますか？**

◯ **お越しになりますか？**

「お越しになる」は、「お」＋「〜になる」の尊敬語です。そこに「〜（ら）れる」という尊敬語をつけてしまい、二重に尊敬語が使われています。

✕ **ご注文をお承りします。**

◯ **ご注文を承ります。**

「承る」は「受ける」の謙譲語なので、言葉そのものが敬語になります。そこに「お」＋「〜する」をつけてしまうと、「お」＋「承る」となり、二重敬語となります。

「〜（ら）れる」の表現は特に注意！

✕ **お帰りになられる** ⇒ ◯ **お帰りになる**　　✕ **おっしゃられる**　⇒ ◯ **おっしゃる**
✕ **お戻りになられる** ⇒ ◯ **お戻りになる**　　✕ **ご利用になられる** ⇒ ◯ **ご利用になる**

「お」＋「〜になる」と「〜（ら）れる」という尊敬語は、重ねて使用してしまいやすい言葉です。「承る」のように、言葉そのものに敬語が込められた表現もあるので注意しましょう。ただし、「お召し上がりになる」や「おうかがいする」のように、敬語に「お」をつけている二重敬語であっても、慣習として定着している表現もあります。

「〜させていただく」の多用は逆効果に！

✕ **ご提案させていただく資料を、お送りさせていただきます。**
⇒ ◯ **提案させていただく資料をお送りいたします。**

「〜させていただく」という表現は、謙虚な姿勢が伝わるのでつい多用しがちですが、連続して使用するとかえって軽い印象を受けることがあります。二重敬語のように間違いではありませんが注意しましょう。

敬語の基本

社内

社外・取引先

電話応対

就職活動

暮らし

メール・文章

特別付録

取り違い敬語

相手の立場を高める表現（尊敬語）と、自分の立場を下げてへりくだることで相手を高める表現（謙譲語）との使い方を間違えてしまうと、高めるべき相手に対して見下したような意味を表す言葉づかいになってしまい、失礼な印象を与えます。「うかがう」「拝見する」「いただく」などの謙譲語を、相手の行為に使用しないようにしましょう。

取引先の前で、上司の立場を高めてしまう

✕ 課長の○○にお伝えしておきます。

○ 課長の○○に申し伝えます。

取引先の前で上司を高めてしまう

「お伝えする」は謙譲語ですが、伝える対象が上司なので、結果的に上司を高めていることになります。社内では上司に向かって敬語を使っていても、取引先の前では上司も「身内側」の人間となります。相手の前で「身内側」の人間を高める表現は取り違い敬語です。

相手の行為に対して謙譲語を使ってしまう

✕ その件は窓口でうかがってください。

○ その件は窓口でお聞きください。

相手の行為をへりくだらせてしまう

「うかがう」は謙譲語なので、相手の行為に対しては使いません。ほかにも、「冷めないうちに、いただいてください」なども取り違い敬語で、正しくは「召し上がってください」となります。

✕ 一緒にまいりませんか？

○ ご一緒してもよろしいですか？

「まいる」は謙譲語です。自分だけを示すなら問題ないですが、ここでは相手も含まれているので、「ご」をつけて相手に許可を求める表現のほうが適しています。

相手よりも自分の立場を高めてしまう

✕ ○○課長、ご苦労様でした。

○ ○○課長、お疲れ様でした。

相手よりも自分を高めてしまう

「ご苦労様」は、目上の人が目下の人に対して使うねぎらいの言葉です。目上である上司をねぎらうために使うのは不適切です。

一般的によく使われ、正しいと思い込まれている言葉でも、実は間違い敬語である場合があります。普段からくせになっているとつい言ってしまいがちなフレーズですが、正しい表現に切り替えて覚えておきましょう。

✕ ○○は、本日お休みさせていただいております。

✕ ○○は、本日お休みをいただいております。

◯ ○○は、本日休んでおります。

「〜（させて）いただく」は、相手の許可をもらう行為に対して使う表現です。休みの許可をとるために、上司に「休ませていただきたい」と使うのは適切ですが、取引先など外部の相手に対しては適切ではありません。また、「頂戴する」という意味を含む「いただく」に関しても、休みをもらっているのは自分の会社（または上司）からなので、取引先の前で身内側である会社（上司）を高めてしまう、取り違い敬語となります。

取引先よりも自分の会社（上司）を高めていることになります

✕ ご乗車できません。

◯ ご乗車になれません。

「〜できません」に「ご」をつけても尊敬語にはなりません。「ご」＋「〜になれる」が、正しい尊敬語の使い方です。同じように、「ご利用できません」も、「ご利用になれません」と表現しましょう。

✕ お車が到着なさいました。

◯ 車が到着しました。

「到着なさる」は、到着した「人」を高める尊敬語です。「○○様が到着なさいました」であれば適切な表現ですが、この場合、到着したのは「車」なので、物に対して敬語を使っていることになり不適切です。

✕ 車　「到着なさる」　◯ 人　「到着なさる」

車（物）に尊敬語は使いません

✕ ○○様の愛犬が亡くなりました。

◯ ○○様が愛犬と死別されました。

「亡くなる」は人が死ぬことを表現する言葉なので、動物には使いません。とはいえ、「死にました」では、相手の心情を傷つける恐れもあるので、主語を人にすることで直接的な言い回しを避けましょう。

キホン その3　間違い敬語にご用心！

アルバイト敬語

飲食店などのアルバイト店員が教えられる用語マニュアルには間違った敬語の使い方で定着してしまった表現もあります。このような間違い敬語は社会人としてのフォーマルな場面では誤解を与えることがありますので、正しい表現を身につけておきましょう。

✕ こちらコーヒーになります。

○ コーヒーをお持ちしました。

○ コーヒーでございます。

言葉の意味を
正しく理解しましょう

「なります」は「〜になる(=ある物が別の物に変わる)」という変化の意味を含んでいるので、こうした使い方は適していません。

✕ お持ち帰りでよろしかったでしょうか?

○ お持ち帰りでよろしいでしょうか?

現在のことを確認する場面で、「〜かった」と過去を表す言葉をつける必要はありません。

✕ ご注文のほうは以上でしょうか?

○ ご注文は以上でよろしいでしょうか?

「〜のほう」は、「○○のほうに進みたい」といった場所や分野を漠然と示す言葉です。「注文」に対して使用するのは適切ではありませんので、使用は避けましょう。丁寧な言葉づかいのつもりで使っても、フォーマルな場では敬語として受け止めてもらえません。

✕ ご注文の品はおそろいになりましたでしょうか。

○ ご注文の品はそろいましたでしょうか。

✕ 商品　　○ 人

「おそろいになる」　「おそろいになる」

尊敬語は、人に対して使う敬語です

「おそろいになる」は、そろった「人」を高める尊敬語です。この場合、注文した品に対し、「おそろいになる」という尊敬語を使用していることになり不適切です。

✕ 千円からお預かりします。(お釣りあり)

✕ 千円ちょうどからお預かりします。(お釣りなし)

○ 千円、お預かりします。(お釣りあり) ／千円を頂戴します。(お釣りなし)

ひとつ目はお金を払った「人」ではなく、「千円」から何かを預かったというニュアンスを表す表現になり、言葉として意味をなしません。2つ目は、「千円ちょうど」と言っている以上、お釣りはないのが前提となりますが、「お預かりします」と受け取ることで、お釣りが発生するようなニュアンスの表現になっているので間違いといえます。

敬語の基本

社内

社外・取引先

電話応対

就職活動

暮らし

メール・文章

特別付録

身内側と外側のルール

敬語には、常に「身内側」と「外側」という考え方が存在します。自分の立場を「身内側(目下)」としたときに、高めるべき相手を「外側(目上)」とし、それによって尊敬語や謙譲語を使い分けます。「身内側」と「外側」は、自分と相手との関係性によって立場が変わりますが、このルールを理解していないと、取引先の前で上司を高めてしまうなどの間違いをすることがあります。まずは、「身内側」と「外側」のルールを覚えておきましょう。

[身内側と外側の位置関係]

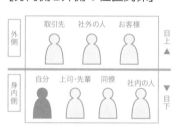

取引先や社外の人との関係

自分よりも高めるべき外側には、取引先や社外の人、お客様、取引先の知人や家族が入ります。身内側には、自分の上司や先輩、同僚、社内の人が入ります。外側の人の前では、上司や先輩も自分と同じ立場となるので、高める表現は使いません。

> 例 「当社の○○(上司・先輩)が、
> ○○様にお会いしたいと申しております」

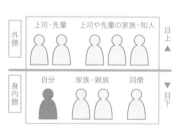

上司や社内の人との関係

取引先の前では自分と同じ身内側だった上司や先輩も、職場内では、外側の高めるべき立場となります。また、上司や先輩の家族や知人も外側です。身内側には、自分の家族や親族、同僚などが入ります。

> 例 「母が、先日頂戴したお土産の
> お礼を申しておりました」

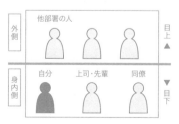

社内の他部署との関係

自分の会社内でも、相手が他部署の人の場合、上司や先輩、同僚など自分と同じ部署の人は身内側となります。たとえ他部署の人が自分の上司より下の肩書きでも、立場としては外側となるので、上司を高める表現は使いません。

> 例 「うちの部の○○(上司・先輩)が、
> A案でご調整いただきたいと申しております」

第 **2** 章

社内で使う敬語の
マナーとコツ

オフィスで使う
敬語と言葉づかいの基本
おさえておきたいポイントと心構え

‖ POINT1

あいさつはコミュニケーションの基本。
自分から率先して声かけとおじぎを!

状況に応じて適切なあいさつができる人は、仕事や対人関係がスムーズにいくだけでなく、社会人としての評価も高くなります。また、あいさつとともに美しいおじぎができていれば、より印象がアップします。おじぎはシーンによって3種類に大別されます。イラストを参考にそれぞれの持つニュアンスを理解し、ぜひマスターしておきましょう。

● おじぎの種類
1) **会釈(15度)** 腰から上を約15度前に倒す
   シーン:廊下などですれ違うときのあいさつ、来客にお茶を出すときなど。
2) **敬礼(30度)** 腰から上を約30度前に倒す
   シーン:一般的なあいさつ、お見送りやお迎えのときなど。
3) **最敬礼(45度)** 腰から上を約45度前に倒す
   シーン:お礼・謝罪・お願いをするときや、改まった場面など。

● NG事例
   首だけを動かす、上目づかいで相手を見たままおじぎをする、両手をぶらぶらさせる、姿勢が悪い。

‖ POINT2

報告・連絡・相談がスムーズにできれば
仕事もうまくいく!

仕事を円滑に進める上で重要な報告・連絡・相談は、要点を明確に正しく伝えることが大切です。あいまいな表現や勝手な解釈を盛り込んでしまうと、相手も状況の把握ができず

思わぬトラブルにつながることも。5W1H「いつ（When）、どこで（Where）、だれが（Who）、なにを（What）、なぜ（Why）、どのように（How）」を意識して内容を整理しましょう。

● 5W1Hを使った報告の一例

いつ（When）	○月○日
どこで（Where）	××社での
だれが（Who）	××様との
なにを（What）	○○についての打ち合わせですが、
なぜ（Why）	具体的な条件についてご検討いただくために、
どのように（How）	○○の資料を用意しておきます。

敬語の基本

社内

社外・訪問先

電話応対

就職活動

暮らし

メール・文章

特別付録

|| POINT3

上司や先輩には尊敬の念を持ち、学びの姿勢で接しよう

敬語は相手を敬い尊重していることを示す言葉のコミュニケーション。だからこそ、上司や先輩に対する尊敬の気持ちや学びの姿勢を忘れずに。こうした基本的な姿勢を持つことで、言葉づかいにも敬意が自然と表れ、敬語を使いこなす近道となります。逆に、どんなに尊敬していても言葉づかいが適切でなければ、相手にその姿勢は伝わりません。

|| POINT4

お礼とお詫びが丁寧に言える人は周囲から信頼される

「ありがとうございます」や「申し訳ございません」が言える人は相手を気づかうことができたり、自分の非を認め受け入れる誠実さを持っている人です。ビジネスシーンもプライベートでも、感謝や謝罪の気持ちを「言葉で伝える」ことを意識しましょう。こうしたコミュニケーションの積み重ねが、「信頼できる人」という印象につながります。

しっかりと言葉で
伝えましょう！

シーン 1

上司や先輩との あいさつ

あいさつをするときは、相手の目を見て自然な笑顔で。
ぼそぼそとした喋り方ではなく、しっかりと聞こえるよう、
状況に応じて適度な声の大きさを意識しましょう。

自己紹介をする

✕ これはNG！ 「どうも。○○○と言います」

◯ ○○○と申します。 どうぞよろしくお願いいたします。

または… 「はじめまして、○○○と申します。よろしくお願いいたします」

CHECK! 社内での自己紹介は、名字だけでなく名前までしっかりと言いましょう。上司や先輩に対しては、「ご指導のほどよろしくお願いします」など、努力する姿勢もしっかりアピールを。

出社のあいさつ

✕ これはNG！ 「おはよう」

◯ おはようございます。

CHECK! 「今日は暖かくなりそうですね」や「昨日はイベントお疲れ様でした」など、ちょっとしたひと言を添えると、より相手との距離を近づけることができます。とっさに言葉が浮かばない場合は、「○○さん、おはようございます」と、相手の名前を入れるだけでもOK。

退社のあいさつ

✕ これはNG！ 「お疲れ様でした」

◯ お先に失礼します。

または… 「お先に失礼させていただきます」

CHECK! 上司や先輩が忙しそうにしているときは、「何か手伝うことはありませんか？（もしなければ）本日はお先に失礼させていただきたいのですが…」と、気づかいも忘れずに。

敬語の基本

社内

社外・訪問先

電話応対

就職活動

暮らし

メール・文書

特別付録

外出する人へのあいさつ

✕ これはNG! 「…………」（無言のまま、相手を見ない）

◯ 行ってらっしゃいませ。

または… 「気をつけて、行ってらっしゃいませ」

CHECK! 電話中や手が離せないときはともかく、外出する上司が自分の目の前を通っているにもかかわらず、無言で見送るのは考えもの。「行ってらっしゃいませ」と見送りましょう。

帰社した人へのあいさつ

✕ これはNG! 「ご苦労様です」

✕
ご苦労様です

目上の人には
丁寧な言葉で

◯ お疲れ様です。

または… 「お疲れ様でございます」

CHECK! 「ご苦労様です」は、目上の人が目下の人をねぎらうときに使う言葉。上司や先輩に対しては失礼になります。「お疲れ様」は、目上・目下を問わず使うことができます。

外出する際のあいさつ

✕ これはNG! 「行ってきます」

◯ 行ってまいります。

または… 「○○へ行ってまいります。戻りは○時の予定です」

CHECK! 「行ってきます」も間違いではありませんが、「行ってまいります」のほうが、より丁寧な印象を与えます。周りの人には、行き先や戻りの時間なども伝えるようにしましょう。

外出先から戻ったときのあいさつ

✕ これはNG! 「…………」（無言で着席）

◯ ただいま、戻りました。

または… 「ただいま、戻ってまいりました」

CHECK! 戻ってくるなり無言で席に座ってしまうと、上司や先輩は何か問題があったのかと不安になります。またこのひと声が自分が帰社したことを周囲に伝える役割も果たします。

報告・連絡・相談をする

シーン **2**

日々の業務に欠かすことのできない報告・連絡・相談。
伝えるべき内容や目的をしっかりと整理し、相手の状況
も考慮しながらなるべく簡潔に行うようにしましょう。

‖ 上司に呼ばれたら

✗ これはNG! 「今行きます」

○ はい、ただいま、まいります。

または… 「はい、お呼びでしょうか」

CHECK! 自分の名前を呼ばれたら、まずは聞こえていることを相手に伝えるためにも「はい」と返事をしましょう。すぐに対応できないときは、「少々お待ちください」と断りを忘れずに。

‖ 直行するときの連絡

✗ これはNG! 「明日、○○社に直行しますので」

○ ○○の件で×時から○○社で打ち合わせがあり、終わり次第出社します。

CHECK! 直行の予定がある場合は、その旨はもちろん「立ち寄り後の出社時間は、○時頃になります」と、あらかじめ出社時間を伝えておくことも大切です。不在時間が長く業務に影響がありそうな場合は、「何かありましたら、携帯にご連絡ください」と言っておきましょう。

‖ 直帰するときの連絡

✗ これはNG! 「今日はこれで帰ります」

○ 本日は、このまま直帰してもよろしいでしょうか?

または… 「本日は、このまま失礼させていただいてもよろしいでしょうか?」

CHECK! 直帰の連絡をする際には、許可をもらうだけでなく、不在時に自分宛の電話や連絡がなかったかも確認を。場合によっては、帰社して対応すべき案件があるかもしれません。

敬語の基本

社内

社外・訪問先

電話応対

就職活動

暮らし

メール・文章

特別付録

遅刻するときの連絡

✕ これはNG! 「すみません、ちょっと遅れます」

 **電車が遅延しておりまして、
〇分ほど遅れてしまいます。**

または… 「電車が遅延しており〇分ほど遅れてしまいます。申し訳ございません」

CHECK! 「遅れます」だけでは、どの程度遅れるのか判断できず、相手は対応に困ります。なるべく具体的な時間や状況を伝えるとともに、お詫びの言葉も述べるようにしましょう。

早退するときの相談

✕ これはNG! 「急用ができたので、帰ってもいいですか」

**急な用件ができてしまいましたので、
早退してもよろしいでしょうか?**

または… 「申し訳ありませんが、早退させていただいてもよろしいでしょうか?」

CHECK! 早退する際は上司に直接相談を。「早退したと伝えておいて」と伝言を頼むのはNGです。具体的な理由を説明できるなら、ある程度は事情を話したほうがよい場合もあります。

病欠の相談

✕ これはNG! 「今日は休ませてください」

 **体調不良により、本日は休ませて
いただきたいのですが…**

または… 「体調不良により、休みをいただいてもよろしいでしょうか?」

CHECK! 体調不良で休むときも、「許可をいただく」という謙虚な姿勢は忘れないようにしましょう。「ご迷惑をおかけして申し訳ありません」と、お詫びの気持ちを表すのも大切です。

私用での休暇の相談

✕ これはNG! 「来週の〇日、お休みをもらえますか?」

**来週の〇日は休暇をいただきたいの
ですが、よろしいでしょうか?**

または… 「来週の〇日ですが、休暇のご許可をいただけますでしょうか?」

CHECK! 長期的な休みを取る場合は、なるべく早い段階で相談するようにし、業務に支障がないようにしておきましょう。たとえ有休であっても、許可を得るという姿勢は必要です。

|| 伝言を伝える

✕ これはNG! 「○○の打ち合わせ日、来週に変更してほしいそうです」

◯ ## ○○の打ち合わせですが、先方より変更依頼がございました。

または… 「○○の打ち合わせですが、○日に変更していただけないかとのことです」

CHECK! 相手から変更後の候補日が出ている場合は、その日時まで正確に伝えましょう。自分も関わっている案件であれば、「いかがいたしましょうか?」と指示を仰ぐようにします。

|| 仕事の報告1（順調な場合）

✕ これはNG! 「○○の件は、特に問題なく進んでます」

◯ ## ○○の件は順調です。明日、状況の詳細をご報告いたします。

CHECK! 自分なりに状況を把握していても、「順調です」という報告だけでは、上司はどのような進行状態にあるのかわかりません。具体的な状況や今後の予定を伝えることで、上司からの的確な指示や商談の際の留意点など、より有益なアドバイスをもらうことができます。

|| 仕事の報告2（問題がある場合）

✕ これはNG! 「○○の件ですが、ちょっと問題があって…」

◯ ## ○○の件について、懸案事項がございます。

または… 「○○の件ですが、いくつか問題点がございます」

CHECK! 問題があることをうやむやにせず、はっきりと伝えることが大切です。その上で、「今後の対応について、ご指示願えますでしょうか」とお願いするようにしましょう。

|| 仕事の報告3（状況報告を求められた場合）

✕ これはNG! 「あ、その件でしたら…」

◯ ## ご報告が遅れ、申し訳ありません。

または… 「ご報告が遅くなり、大変失礼しました」

CHECK! 本来なら、上司から報告を促される前に自分から報告するのが社会人としてのマナー。報告が遅れてしまった場合は、お詫びのひと言を伝えてから本題に入るようにしましょう。

敬語の基本

社内

社外・訪問先

電話応対

就職活動

暮らし

メール・文書

特別付録

相談を持ちかける

✕ これはNG！ 「ちょっといいですか？」

◯ ご相談したいことがあるのですが。

または… 「○○の件で相談させていただきたいのですが、お時間よろしいでしょうか？」

CHECK! 相談する際は、相手の状況を見て話しかけましょう。「○分ほどお時間いただけますでしょうか？」と、あらかじめ所要時間を言えば、相手もその場で返答しやすくなります。

「あとにして」などと言われた場合

✕ これはNG！ 「いつだったら大丈夫ですか？」

◯ はい。何時頃でしたらご都合がよろしいでしょうか？

または… 「では、のちほど改めてうかがいます」

CHECK! 相手の状況によって、どの程度あとにすればよいかを判断し、適切な対応をしましょう。ほんの数分で手が空きそうな状態であれば、あえて都合を聞かないほうがスマートです。

マナーとコツ　相談のタイミングと状況別フレーズ

相談する際は、「今お時間よろしいでしょうか？」と、相手の都合をまず確認。緊急の案件でない限り、明らかに忙しそうにしているときは避けたほうがよいでしょう。状況に応じてフレーズを使い分けると、相手も対応しやすくなります。相談後は、「お忙しい中、お時間をいただきありがとうございました」のお礼を忘れずに。

［状況別 声かけフレーズ例］

● **急いでいるとき**
　⇒「至急ご相談したいことがあるのですが」

● **深刻な内容を相談したいとき**
　⇒「少々込み入ったご相談があるのですが」

● **具体的に切り出すとき**
　⇒「○○の件でご相談があるのですが」

● **感想・アドバイスがほしいとき**
　⇒「ご意見をうかがいたいことがあるのですが」

もう少し
様子を見よう

シーン 3
上司や先輩との仕事のやりとり

毎日顔を合わせる職場の上司や先輩には、つい気が緩んで言葉づかいもルーズになりがち。社外と同じように緊張感を持って、丁寧な言葉で接するようにしましょう。

|| 具体的な指示を受けたら

✕ これはNG！ 「わかりました」

◯ 承知しました。

または… 「はい、そのようにいたします」

CHECK! より丁寧な表現として「かしこまりました」でもOK。上司から指示を受けたときは、自分がそれを理解している旨を伝えるためにも、返事や復唱確認をすることが大切です。

|| 頼まれた仕事を引き受ける

✕ これはNG！ 「やっておきます」

◯ かしこまりました。

または… 「（指示された仕事内容に対して）承知いたしました」

CHECK! 仕事を引き受けるからには、前向きな姿勢をアピールしましょう。急ぎの案件の場合は、「早速、取りかからせていただきます」と伝えれば、相手も安心して任せられます。

|| 作業のリミットを確認する

✕ これはNG！ 「いつまでにやればいいですか？」

◯ いつ頃までお時間いただけますか？

または… 「期限はいつまででしょうか？」

CHECK! 「明日までに資料をつくって」など期限が漠然としている場合は、「明日の◯時までに作成すればよろしいでしょうか？」と、自分から明確にしておけばトラブルも回避できます。

不明な点を質問する

✕ これはNG! 「どうしたらいいですか?」

○ ○○の点は、いかがいたしましょうか?

または… 「○○の点について、教えていただけますか?」

CHECK! わからない点は、その場でクリアにしておくべきです。質問する際はあやふやな表現はせず、「〜について確認させていただけますか?」と具体的に聞きましょう。

やり方を教えてもらう

✕ これはNG! 「やったことがないので、わかりません」

○ ご指導をお願いいたします。

または… 「ご教示いただけますでしょうか?」

CHECK! 「やったことがありません」や「やり方がわかりません」という表現は否定的なイメージに。「不慣れでして」や「勉強不足で恐縮ですが」と言い換えると謙虚な印象になります。

 上司に「了解しました」の返答はNG?

「了解」は、「物事の内容を理解して認める」という意味を持っています。「了解しました」や「了解いたしました」という表現は、使い方として間違いではありませんが、「了解」という言葉自体に尊敬の意味が含まれていないので、どうしても軽い印象になってしまいます。目上の人に対する返答や改まった場面では、「かしこまりました」や「承りました」のほうが、言葉そのものに尊敬の意が込められているので、より丁寧な印象を与えます。

[敬意の強さと使い方の目安]

● **敬意の度合い**

高　「かしこまりました」取引先などからの命令や依頼を謹んで承る。

　　「承りました」相手からの依頼や要求を謹んで引き受ける。

　　「承知いたしました」相手の依頼や要求を聞き入れる。

低　「了解いたしました」物事の内容や事情を理解する。

同期や後輩には
OKでも…

目上の人には
丁寧な言葉で

敬語の基本

社内

社外・訪問先

電話応対

就職活動

暮らし

メール・文章

特別付録

やり方を教えてもらったときのお礼

✕ これはNG! 「なるほど。役に立ちました」

○ ありがとうございます。大変参考になりました。

または… 「ありがとうございます。とても勉強になりました」

CHECK! 「役に立ちました」という表現は、「お役に立てれば幸いです」など自分が謙遜して相手を高める場合には適切ですが、目上の人に対するお礼としては適していません。

書類を確認してもらう

✕ これはNG! 「企画書のチェックをいいですか?」

○ 企画書ができましたので、ご覧いただけますでしょうか?

または… 「企画書ができましたので、ご確認いただけますでしょうか?」

CHECK! 上司が忙しそうな場合は、「お忙しいところ恐れ入りますが」など気づかいの言葉を忘れずに。「お手すきのときにご覧いただけますか?」と丁重に伝えることも大切です。

急ぎで確認してもらう

✕ これはNG! 「すぐに見ていただけますか」

○ 急ぎの案件でして、すぐにご確認いただけますでしょうか?

または… 「申し訳ございません。こちらを先にご確認いただけませんでしょうか?」

CHECK! 急な作業は、どうしても相手に負担がかかってしまいます。まずは急ぎの案件であることを伝えながらも、通常よりもさらに丁寧に、謙虚な姿勢でお願いしましょう。

来客と打ち合わせ中の上司に、急ぎの連絡を伝えたい

✕ これはNG! 「すみません、急ぎのご連絡が入ってます」

○ お打ち合わせ中、失礼いたします。

CHECK! 打ち合わせや来客中に上司を呼び出すのは、本来はマナー違反です。やむを得ない場合のみと考えましょう。打ち合わせ中の部屋に入る際はノックをして声をかけてから入室し、「お話し中申し訳ございません」と断った上で、用件をまとめたメモを上司に渡します。

敬語の基本

社内

社外・取引先

電話応対

就職活動

暮らし

メール・文書

特別付録

|| 来客と打ち合わせ中の上司の判断が、至急必要になった

✕ これはNG!「○○課長、ちょっとすみませんが…」

○ 失礼します。○○課長、（メモを見せながら）いかがでしょうか?

CHECK! 上司の判断を「YES」か「NO」かで仰ぐことができる内容であれば、メモに用件とその二択を書いて対応することも。また、打ち合わせや来客中に入室することは本来マナー違反なので、来客に会釈をするなど、お詫びの気持ちを表現することも大切です。

|| サポートしてくれた上司に感謝を伝える

✕ これはNG!「助けてもらっちゃってすみません」

○ お忙しい中、ありがとうございました。

または…「感謝申し上げます」

CHECK! 上司のサポートはさまざまな場面で想定されますが、上司だから当たり前と思わず感謝の気持ちを伝えましょう。その謙虚な姿勢に、より力になろうと思ってもらえるはずです。

マナーとコツ より感謝の気持ちが伝わるフレーズ

感謝の気持ちを表す一般的な言葉は「ありがとうございます」ですが、これだけだと、場合によってはややそっけなく儀礼的な印象を与えてしまうことも。上司や先輩からのサポートやアドバイスを受けた際、どのようにありがたかったのか、状況に合った具体的な言葉を盛り込むと、より強く感謝の気持ちを伝えることができます。

［感謝の気持ちを伝えるフレーズ例］

● **アドバイスをもらったとき**

「ご指導いただき、とても助かりました」

「いただいたご助言、大変勉強になりました」

「ご助言いただき、誠にありがとうございました」

● **手助けしてもらったとき**

「お力添えくださったおかげで、無事に納品できました。感謝申し上げます」

「お口添えいただき、ありがとうございました」

ありがとうございます!

大変助かりました!

印象UP!

シーン 4

お願い・お詫びをする

お願いやお詫びの言葉は、ちょっとしたニュアンスで相手が受ける印象も大きく変わります。どう伝えれば相手の気分を損ねないかをよく考えるようにしましょう。

‖ 作業をお願いする

✕ これはNG! 「〜してください」

◯ 〜をお願いできますでしょうか?

または… 「〜していただけますでしょうか?」

CHECK! それが本来相手がすべき業務でも、お願いする立場であることを忘れずに。直接的な表現(命令形)よりも、敬意を持った表現(依頼形)のほうが快く引き受けてもらえます。

‖ 急な作業をお願いする

✕ これはNG! 「これ、すぐにお願いします!」

◯ 急で申し訳ありませんが、お願いできますでしょうか?

または… 「急なお願いで恐縮ですが、ご対応いただけますか?」

CHECK! 自分が急いでいるからといって、相手にもそれを強要するのはマナー違反です。作業を優先してもらうのですから、まずお詫びを述べた上で、謙虚な姿勢で依頼しましょう。

‖ 頼んだ作業をしてもらったときのお礼

✕ これはNG! 「ご苦労様」

◯ 助かりました、ありがとうございます。

または… 「お手伝いいただき、ありがとうございました」

CHECK! 仕事を引き受けてもらったときや頼んだ作業が終わったときは、必ずお礼の言葉を述べましょう。相手の顔を見て笑顔で感謝の気持ちを伝えることで、良好な関係が築けます。

敬語の基本

社内

社外・訪問先

電話応対

就職活動

暮らし

メール・文書

特別付録

急な残業を頼まれた

✕ これはNG! 「今日はちょっと難しいです」

○ **申し訳ありませんが、**
このあとは○○の予定がありまして…

または… 「申し訳ありませんが、本日は定時で失礼させていただけませんでしょうか?」

CHECK! 上司からの依頼は原則的に引き受けるべきですが、どうしても断らないといけない場合は、その理由を丁寧に説明し、「明日の午前中でしたらお引き受けできるのですが」と代案を。

急な作業を頼まれた

✕ これはNG! 「今は別の作業をしているので…」

○ **この作業が終わりましたら、**
すぐに取りかかります。

または… 「こちらの作業を優先できるよう、調整してみます」

CHECK! 急な作業に関しては、それまで取り組んでいた案件の状況や緊急度により適切な判断が必要となります。どちらを優先させるべきか判断しづらい場合は、上司に相談しましょう。

頼んであった作業の状況を確認する

✕ これはNG! 「○○の件、どうなってます?」

○ **お願いした○○ですが、**
いつ頃いただけそうでしょうか?

または… 「○○の件ですが、いかがでしょうか?」

CHECK! 言い方によっては、催促しているように受け取られることもあるので、「お忙しいところ申し訳ありませんが」といった気づかいの言葉を添えるようにすると、印象が和らぎます。

上司にミスを指摘された

✕ これはNG! 「すみませんでした」

○ **申し訳ありません。**

ちょっと忙しくて…

言い訳より
まずお詫びを

または… 「私の不注意でした。申し訳ございません」

CHECK! どんな理由があったとしても、「別の案件が忙しくて…」などの言い訳はやめましょう。「すみません」や「ごめんなさい」は、上司に対する謝罪の言葉としては適していません。

|| 自分のミスをフォローしてもらった

✕ これはNG！ 「ご迷惑をかけて、すみません」

◯ ご迷惑をおかけして、申し訳ありません。

または… 「ご面倒をおかけし、申し訳ございません」

CHECK！ まずは自分のミスを詫びるべきですが、状況によっては「お力添えくださり、ありがとうございました」とお礼を述べることも。「以後、注意いたします」の言葉も忘れずに。

|| チームのトラブルを叱責された

✕ これはNG！ 「私一人のミスではありませんが…」

◯ チーム内で早急に改善策を講じます。

または… 「申し訳ありません。チーム全体で問題に対処いたします」

CHECK！ 自分一人のミスでなくても、チームである以上はその責任を負うべきです。言い訳をするよりは、問題解決に努めていることをアピールし、挽回を図りましょう。

|| 頼まれていたことを忘れていた

✕ これはNG！ 「うっかり忘れていました」

◯ 失念してしまい、申し訳ございません。

または… 「多忙にかまけて、失念してしまいました」

CHECK！ 「多忙」が正当な理由にはなりませんが、お詫びの言葉に添えることで、相手に事情をくんでもらう役割を果たします。もちろん、「すぐに対処いたします」といったフォローを。

|| 自分の発言をとがめられた

✕ これはNG！ 「失礼なことを言ってしまい、すみません」

◯ 心ならずも不用意な発言、お詫びいたします。

または… 「心ないことを申しまして、誠に申し訳ございません」

CHECK！ ほかには「配慮の足りない発言でした」などの表現も。相手が不快な思いをしているのですから、納得してもらえるよう心からお詫びする姿勢を示しましょう。

言われたことが記憶にない

✕ これはNG! 「聞いていませんが…」

◯ 申し訳ありません、
聞きもらしていたようです。

CHECK! 実際に聞いていなかったとしても、それを主張したところで「言った、言っていない」の議論になってしまいます。「恐れ入りますが、もう一度ご指示いただけますでしょうか」と謙虚な姿勢で接し、物事を前に進めるのがより建設的な対応といえるでしょう。

質問された案件の状況を自分は把握していない

✕ これはNG! 「私にはわかりません」

◯ すぐに担当を調べてまいります。

または… 「私ではわかりかねますので、確認してまいります」

CHECK! 自分の案件でなくても、上司から質問されて「わかりません」という返答は失礼になります。担当者がわかるのなら、「担当の〇〇さんにご確認しましょうか?」と聞きましょう。

 マナーとコツ

「でも」や「だって」は信用を失う

上司や先輩から問題点を指摘されたときや、難しい課題に対処しなければならないときなどに、つい口にしてしまいがちな「でも」や「だって」という言葉。敬語として不適切なのはもちろんですが、こうした否定的な言葉づかいは、相手に投げやりなイメージを強く与えてしまい、自分自身の信用をも失います。言い方を工夫し、否定的な言葉を排除するだけで、言葉のニュアンスを大きく変えることができます。

[否定的な言葉の言いかえ]

「でも、先日はこの案で許可をいただきましたよね?」
　⇒「先日はこの案で許可をいただいておりましたが、いかがいたしましょうか?」

「だって、〇〇社が無理だと言っているんです」
　⇒「〇〇社は無理とおっしゃっていますが、何か解決策はないでしょうか?」

「どうせ、先方に断られると思うのですが」
　⇒「先方に断られる可能性もありますが、どのようにすべきでしょうか?」

敬語の基本

社内

社外・訪問先

電話応対

就職活動

暮らし

メール・文章

特別付録

シーン 5 社内会議で発言する

会議では、自分の意見を主張することばかりに固執せず、
場の空気を把握しながら言葉を選んで参加しましょう。
発言は、全員に聞こえるよう明瞭な声で行います。

‖ 発言をする

✕ これはNG! 「あの〜（いきなり話し始める）」

○ よろしいでしょうか？

または… 「発言してもよろしいでしょうか？」

CHECK! 会議の規模や形式にもよりますが、発言をする際は「よろしいでしょうか？」という言葉とともに軽く挙手をして司会担当者に許可を求めると、参加者の注意を引き寄せられます。

‖ 質問をする

✕ これはNG! 「質問なんですが」

○ 質問してよろしいでしょうか？

または… 「少々、質問させていただきたいのですが」

CHECK! 質問は、説明や発表をすべて聞き終えてから行うのが基本です。説明の途中で不明な点が浮かんだら、メモを取るなどして事前に質問内容を整理しておきましょう。

‖ 確認したいことがある

✕ これはNG! 「ちょっとわからないのですが」

○ 確認したい点がございます。

✕ ちょっとよくわからないです

発言は建設的に

または… 「確認させていただきたいのですが」

CHECK! 相手が話している内容に疑問点や矛盾点を感じても、そのまま伝えるのはマナー違反です。あくまでも建設的な姿勢で、「〜についてはどう認識されていますか？」などと確認を。

|| 意見やアイデアを述べたい

× これはNG！ 「私の考えは…」

⃝ ひとつ提案させていただけますか？

または… 「提案させていただきたいことがございます」

CHECK! 提案は積極的に行うべきですが、周りの意見を聞くことも忘れないようにしましょう。発言の最後を「いかがでしょうか？」と締めれば、さらなる意見交換につながります。

|| 要点や意図を確認する

× これはNG！ 「言いたいことは何ですか？」

⃝ 〜ということでしょうか？

または… 「〜という趣旨でよろしいでしょうか？」

CHECK! 会議を行う上で、共通認識を図ることは重要です。相手が言っていることを自分が正しく把握しているかを確認するには、「〜ということでしょうか？」などの言葉を使います。

|| 質問や確認に答えてもらったら

× これはNG！ 「なるほど、そうなんですか」

⃝ お答えいただき、ありがとうございました。

または… 「よくわかりました。ありがとうございます」

CHECK! 自分の質問に答えてもらった場合は、「大変よくわかりました」や「わかりやすい説明をありがとうございます」など、しっかりと納得したことを伝えるお礼を述べましょう。

|| 相手の話を引き継ぐかたちで発言する

× これはNG！ 「○○さんも申されていましたが」

⃝ ○○さんもおっしゃいましたように…

または… 「先ほど○○課長がお話しされたとおりですが」

CHECK! 「申す」は自分がへりくだる際に使う謙譲語なので、「○○さんも申されていましたが」という表現は間違いです。「言う」の尊敬語である「おっしゃる」を使うようにしましょう。

上司や先輩の意見に同意する

✕ これはNG！ 「○○さんの言うとおりだと思います」

○ ○○さんのご意見に賛成です。

または… 「○○課長のおっしゃるとおりだと思います」

CHECK! ほかには「素晴らしいご意見だと思います」など。同意しているつもりでも、「いいんじゃないですか」といった表現は投げやりな態度に受け取られてしまうので避けましょう。

上司や先輩の意見に反論する

✕ これはNG！ 「それは違うと思います」

○ おっしゃることはごもっともですが…

または… 「私の意見が絶対だとは思いません…」

CHECK! 頭ごなしの否定は、相手の気分を害することも。まずは相手の意見を立てた上で、「～のような見方もできると思うのですが、いかがでしょうか」と、自分の見解を述べましょう。

大筋で賛成だが、疑問点が残る

✕ これはNG！ 「いいと思いますが、○○は大丈夫ですかね？」

○ ○○がクリアになれば賛成です。

または… 「賛成ですが、○○の点だけはやや心配です」

CHECK! 疑問点や懸案事項を発言すること自体は、けっしてマイナスな行為ではありません。言い方に気をつければ、参加者が不快にならずに共通の問題意識を持つことができます。

ある部分をもう少し詳しく聞きたい

✕ これはNG！ 「もっと詳しく説明してください」

○ ○○の件について、もう少し詳しくお聞かせいただけますか？

または… 「○○の件について、詳しく教えていただけますか？」

CHECK! 相手の説明不足を責めるような言い方は避けましょう。どの部分を詳しく聞きたいのか、ポイントを明確にしてお願いすることで、より的確な情報を引き出すことができます。

‖ 自分の発言を否定・反論されたら

✗ これはNG! 「どこが問題なんですか?」

ご賛同いただけない点を、 お聞かせいただけますか?

または… 「そのようなご意見もあるとは存じます」

CHECK! どんな議論でも反対意見は必ず存在します。自分の意見が否定されたからと、感情的になるのは社会人として失格。ひと呼吸おいて、冷静に相手の意見に耳を傾けることが必要です。

‖ 意見や方向性が変わっていることを指摘する

✗ これはNG! 「先ほどと言っていることが違いませんか?」

○ 今一度、 ご意見を確認したいのですが…

または… 「先ほどは○○とうかがいましたが、思い違いでしたら申し訳ありません」

CHECK! 議論を繰り返すうちに論点がずれたり、発言に矛盾が出てくることはよくあります。だからといって相手の揚げ足をとるような発言は控えるべき。一度流れを止めて内容の整理を。

 ## 会議で気をつけたい発言のマナー

会議では議論が白熱したり、自分の考えに反対されるなど、つい感情的になりやすい一面もあります。そうした感情に惑わされて、言葉づかいまでもが雑にならないよう気をつけましょう。丁寧かつ相手を敬う言葉づかいを意識していれば、気持ちも自然と冷静になります。

[会議で発言する際の注意点]

1) 発言内容が、出席者(上司や先輩を含む)に どう伝わるかを意識する。自分以外の意見を尊重する心構えを持ち、言葉を選ぶ。

2) 相手と異なる意見ほど、丁寧に説明する。

3) 反論されても、相手を責めるような口調にならないようにする。

4) ぼそぼそと喋らず、はっきりと明瞭な声で発言する。

5) 「いいんじゃないんですか?」などの、投げやりな言い方をしない。

発言は ハキハキと

敬語の基本

社内

社外・訪問先

電話応対

就職活動

暮らし

メール・文書

特別付録

|| 相手が何を言いたいのかわからない

✕ これはNG！　「言っていることがわかりません」

○ 申し訳ございませんが、おっしゃっている趣旨がよくわからないのですが…

または…　「申し訳ございませんが、お話の意図を図りかねますが…」

CHECK!　まずは最後まで相手の話を聞き、「申し訳ございませんが」や「恐れ入りますが」と前置きをしてから、丁寧な言葉と謙虚な姿勢で、より具体的な発言を促すようにします。

|| 相手が一方的に話してくる

✕ これはNG！　「ちょっと待ってください」

○ 恐れ入りますが、私の話も聞いていただけますか？

または…　「どうか、私の話もお聞きいただけませんでしょうか？」

CHECK!　感情的かつ一方的に主張する相手に対しては、冷静な態度と「おっしゃることはよくわかります」や「恐れ入りますが」などの配慮を伝える言葉で切り出しましょう。

|| ほかの人の意見を求める

✕ これはNG！　「ほかの人はどう思っていますか？」

○ ほかの皆様は、どのようにお考えでしょうか？

または…　「ほかの皆様のご意見をうかがえますでしょうか？」

CHECK!　「この件について、どのように思われますか？」もOK。特定の人から意見を聞きたい場合は、「○○さんのお考えを、ぜひお聞かせ願えますか？」などと話を振りましょう。

|| 途中で席をはずす

✕ これはNG！　「ちょっとすみません」

○ 少々席をはずしますが、すぐに戻ります。

CHECK!　やむを得ない事情で席をはずす場合は、進行の妨げにならないよう、周囲に軽く断りを入れてから静かに退室します。「トイレに行ってきます」といった直接表現は避けましょう。ただ、具合が悪い場合は、「気分がすぐれませんので」と正直に伝えるほうがよいでしょう。

敬語の基本

社内

社外・訪問先

電話応対

就職活動

暮らし

メール・文書

特別付録

一度席をはずした会議に戻る

✗ これはNG! 「すみません」

◯ 席をはずし、申し訳ございません。

CHECK! 自分が席をはずしたことで会議の進行が止まっていた場合は、「大変お待たせして、申し訳ございませんでした」とお詫びの言葉を。本来は事前に用意しておくべきですが、資料などを取りに行って戻ってきたときは、「資料を持ってまいりました」と事情を説明します。

会議の途中から参加する

✗ これはNG! 「…………」（無言で着席）

◯ 遅くなり申し訳ございません。

CHECK! 会議が別件と重なり途中から参加する場合は、事前に必ず上司に相談し、許可をとるようにします。入室する際は、進行の妨げにならないよう小さな声で「失礼します」と声をかけ、静かに席につきます。周囲に迷惑をかけないよう、状況によって適切な判断を。

会議中に携帯電話に着信が入った

✗ これはNG! 「電話なのでちょっとすみません」

◯ 取引先からの電話ですので、少々、席をはずします。

CHECK! 会議中に自分の携帯電話に着信があった場合は、ひと言断ってから部屋を出て受話ボタンを押すようにしましょう。その場で話すのは会議の妨げになります。どうしても退席が難しい場合は、極力小声で応対し、着信の相手に折り返す旨だけを伝えるようにします。

会議のマナー

会議は貴重な意見交換の場ですが、自分勝手な姿勢はコミュニケーションを乱します。会議の進行に大切な、基本マナーを覚えておきましょう。

[会議の基本マナー]

1) 進行は司会者の指示に従います。発言も司会者に許可を取ってから。
2) 人の発言を遮るような行為はマナー違反。
3) 会議の趣旨や流れからはずれた発言をしない。

よろしいでしょうか？

他人の意見を
遮らないように注意

シーン6 来客への応対

来客への応対では、来ていただいたことへの感謝の気持ちを伝えましょう。職場で訪問者を見かけたら、自分宛でなくても「お世話になっております」と軽く会釈を。

来客を迎える

✕ これはNG! 「こんにちは」

◯ いらっしゃいませ。

または… 「いらっしゃいませ。お世話になっております」

CHECK! 訪問客が取り次ぎを必要としている様子であれば、すぐに声をかけましょう。自分宛でないからと無視するのは失礼な上に、会社のイメージダウンにもなります。

用件や訪問相手をたずねる

✕ これはNG! 「どちら様ですか？　どなたかお呼びしましょうか？」

◯ どの者をお呼びいたしましょうか？

または… 「どのようなご用件でしょうか？」

CHECK! 「どなた」は「誰」の尊敬語なので、社内（身内）の者には使いません。いぶかしんでいる口調に聞こえないよう、丁寧な言葉と自然な笑顔で、歓迎の意思を示しましょう。

部屋に案内する

✕ これはNG! 「部屋はこちらになります」

◯ ご案内いたします。
応接室はこちらでございます。

または… 「応接室にご案内いたします。どうぞこちらへ」

CHECK! 「～になります」の「なる」は、「現象や物事が自然に変化し完成した姿や、その結果」を表す際に使う言葉です。部屋や場所を説明する際は、「こちらでございます」が適切。

敬語の基本

社内

社外・訪問先

電話応対

就職活動

暮らし

メール・文書

特別付録

相手に着席を勧める

✕ これはNG！ 「こちらに座ってお待ちください」

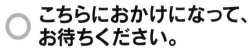

こちらに…

言葉だけでなく
手で椅子を示すと
より丁寧です

◯ こちらにおかけになって、お待ちください。

または… 「担当の者が、ただいままいりますので、おかけになってお待ちください」

CHECK! 「おかけになる」は、「座る」の尊敬語です。席を勧める際は、手で椅子を示して着席を促します。オフィスの入口で待ってもらう場合も、近くの椅子を勧めるなどの気づかいを。

相手にお茶を出す

✕ これはNG！ 「よかったら飲んでください」

◯ どうぞ、召し上がってください。

または… 「粗茶ですが、どうぞ」

CHECK! 最近は、「粗茶」のように必要以上にへりくだる言葉を使わない傾向にありますが、間違いではありません。状況や来客の年齢層に合わせて使い分けるのもよいでしょう。

担当者を呼びに行く際のひと言

✕ これはNG！ 「○○ですね。ちょっとお待ちください」

◯ ○○ですね。少々お待ちいただけますでしょうか？

CHECK! 担当者を呼びに行く前に、「失礼ですが、お名前（御社名）をうかがってもよろしいでしょうか？」と聞いておきましょう。訪問者の名前（社名）がわからないと、担当者に「来客って誰？」と聞かれた際に答えられません。

担当者が来客を待たせている場合

✕ これはNG！ 「どうしたんでしょうね…」

◯ お待たせして申し訳ございません。様子を見てまいります。

または… 「大変申し訳ございません。もう少々お待ちいただけますでしょうか？」

CHECK! 担当者がなかなか来ないようであれば、代わって丁寧にお詫びします。時間がかかりそうな場合は椅子を勧めたり、可能であればおおよその時間を伝えるなどのフォローを。

シーン 7
自分への来客の応対

自分への来客が事前にわかっている場合は、相手を待たせることのないよう、迎える準備と心構えをしておきましょう。相手には感謝の気持ちをまず伝えます。

自分への来客を出迎える

✗ これはNG！ 「わざわざ来てもらってすみません」

○ わざわざお越しいただき、ありがとうございます。

または… 「お忙しい中、ご足労いただき、ありがとうございます」

CHECK! 来てもらったことを恐縮している旨を伝えるときは、「○○様にわざわざお越しいただき、恐縮です」や「わざわざご足労いただき、申し訳ございません」などと表現しましょう。

天気が悪い日の来客

✗ これはNG！ 「雨の中、大丈夫でしたか？」

○ 雨の中をお越しくださり、ありがとうございます。

または… 「お足もとの悪い中、わざわざお越しいただき、申し訳ございません」

CHECK! 雨や雪など天候が悪い日は、まず相手を気づかう言葉をかけましょう。濡れた傘やコートを預かるときは、「よろしければ、お預かりいたしましょうか？」などと聞きます。

来客を待たせてしまった

✗ これはNG！ 「お待たせして、すみません」

○ お待たせして申し訳ございません。

または… 「大変お待たせいたしました」

CHECK! 来客を待たせてしまった場合は、まずお詫びを。儀礼的な言い方ではなく、おじぎをするなど、心から申し訳ないという気持ちを丁寧に伝えるようにしましょう。

敬語の基本

社内

社外・訪問先

電話応対

就職活動

暮らし

メール・文書

特別付録

初対面の相手に名刺を渡す

✕ これはNG! 「どうも。○○と申します」

◯ ○○社の○○と申します。

または… 「わたくし、○○社の○○と申します。よろしくお願いいたします」

CHECK! 初対面の相手とのあいさつは、その後の印象につながる大切なシーン。名刺を渡す前には一度必ず相手の目を見て、自然な笑顔と明瞭な話し方を心がけましょう。

手土産をもらったら

✕ これはNG! 「わざわざすみません」

◯ ご丁寧にありがとうございます。

または… 「ありがとうございます。社の者でいただきます」

CHECK! 差し出された手土産は両手で受け取り、笑顔で感謝の気持ちを伝えましょう。いただいた菓子をその場で出す場合は、「お持たせで恐縮ですが」と、ひと言添えるようにします。

打ち合わせ中に席をはずさなければならないとき

✕ これはNG! 「ちょっとすみません」

◯ 失礼します。すぐに戻ります。

または… 「すぐに戻りますので、少々お待ちいただけますでしょうか?」

CHECK! 来客中に席をはずすのは、基本的にはマナー違反です。やむを得ない場合は、お詫びを伝えてから「どうぞ、楽になさっていてください」とお茶を勧めるなどのフォローを。

再び戻ってきたとき

✕ これはNG! 「すみませんでした」

◯ 失礼します。申し訳ございません、大変お待たせしました。

CHECK! 一度退席して戻ってきたときは、黙って部屋に入らず「失礼します」と声をかけてから席に座るようにしましょう。具体的な理由を言う必要はありませんが、「緊急の呼び出しがありまして」など、やむを得ない事情があったことを伝えると、相手の心証も和らぎます。

|| 打ち合わせ中に自分の携帯電話に出なければならないとき

✕ これはNG! 「ちょっとすみません。…はい、○○です」

◯ 失礼します（席をはずす）。

CHECK! 来客との打ち合わせ中は、携帯電話を必ずマナーモードにしておきましょう。どうしても電話に出ないといけない事情があるときは、「失礼します」と許可をとってから席をはずし、なるべく手短かに。相手がいる前でかかってきた電話に出るのは失礼にあたります。

|| 体調不良などで打ち合わせを中断したいとき

✕ これはNG! 「休憩してもいいですか?」

◯ 気分がすぐれないので、少々休憩をいただいてもよろしいでしょうか?

CHECK! 上司などが同席している場合は、「気分がすぐれないので、少々失礼してもよろしいでしょうか?」と断って、自分だけ退席するようにします。自分と取引先だけの場合、相手を長時間待たせるのは失礼なので、状況によっては上司に相談し応対してもらうなどの配慮を。

|| 来客を見送る

✕ これはNG! 「どうもご苦労様でした」

◯ 本日は、ありがとうございました。

CHECK! 「本日は、わざわざお越しくださいまして、ありがとうございました。どうぞお気をつけてお帰りください」などと添えると、より丁寧に。エレベーターでは扉が閉まるまでおじぎをし、階段や玄関では相手の姿が見えなくなるまで、その場で見送ります。

|| 取引先の顔見知りと社内で会った

✕ これはNG! 「あれ、今日はどうしたんですか?」

◯ お世話になっております。いつもありがとうございます。

CHECK! 取引先と社内で偶然会ったとき、自分に関係ないからと無言で通り過ぎるのは失礼です。日頃の感謝を込めてあいさつしましょう。また、「今日はどのようなご用件で?」といった質問は、相手が詮索されていると感じる場合もありますので控えたほうがよいでしょう。

敬語の基本

社内

社外・訪問先

電話応対

就職活動

暮らし

メール・文書

特別付録

社内の重役や幹部を迎える

✗ これはNG！ 「いらっしゃいませ」

◯ お待ちしておりました。

CHECK! 重役や幹部などの上役でも、社内の人間なので、外部の人に使う「いらっしゃいませ」は適していません。「ご苦労様」も目下の人をねぎらう言葉なのでNGです。遠方から来た場合は、「わざわざお越しくださいまして、お疲れ様でございます」のひと言を。

重役や幹部に「調子はどうか」と聞かれたら

✗ これはNG！ 「なんとか頑張っております」

◯ 皆さんにいろいろと ご指導いただいております。

または… 「先輩方にご指導いただき、奔走(ほんそう)しております」

CHECK! 具体的な案件を指して聞かれた場合は、「その件は順調に進んでおります」「最善を尽くし、作業を進めております」といった返答を。突然の質問でも慌てずにハキハキと。

重役や幹部に褒められた、激励された

✗ これはNG！ 「はい、頑張ります」

◯ 恐れ入ります。今後とも ご指導よろしくお願いいたします。

または… 「ご期待を裏切ることのないよう、精進してまいります」

CHECK! 上役から褒められた際、「それほどでもございません」などと否定するのは、かえって傲慢な印象になります。謙虚な気持ちは忘れず今後も努力していく姿勢をアピールしましょう。

マナーとコツ 間違って使いやすい「役不足」と「力不足」

仕事や役割を与えられたときに、謙遜するつもりで「私では役不足とは思いますが、努力してまいります」と言うのは間違いです。「役不足」は、「本来持っている力量に比べて、役目が不相応に軽いこと」を表す言葉。間違って使うと、「私の力量からすれば不相応に軽い仕事ですが…」と、不満なように解釈されてしまい、大変失礼にあたります。「力量がないこと」を意味する言葉「力不足」を使うのが正しい表現です。

実例 社内

シーン **8**

上司や先輩との
会食・お酒の席

上司や先輩との会食やお酒の席は、より良い人間関係を
築く大切な場。職場とは違った親しみも感じますが、羽
目をはずして失礼のないよう、礼儀正しい言葉づかいを。

食事に誘われたら

✕ これはNG！ 「いいですよ」

◯ 喜んでお供させていただきます。

または… 「ありがとうございます。ぜひご一緒させてください」

CHECK! お礼はもちろん、事前の約束であれば、「今から楽しみにしております」といった言葉
を添えて返しましょう。

誘いを断るときは

✕ これはNG！ 「別の用事があるんです」

◯ せっかくですが、はずせない
予定がありまして…

または… 「あいにくですが、先約がございまして…」

CHECK! 相手の厚意を無駄にしないよう、角の立たない言い方をしましょう。「次回はぜひ。よ
ろしければ、また誘ってください」とひと言加えれば、気分を害されることもありません。

お酒を勧められたら

✕ これはNG！ 「あ、すみません」

◯ 恐れ入ります。
では、いただきます。

または… 「ありがとうございます。お言葉に甘えて頂戴します」

CHECK! 上司や先輩にお酌をしてもらうときは、グラスを両手で支え、お礼を言ってから口をつ
けます。自分がお酌をするときは、「どうぞ、お注ぎします」と言ってから注ぎましょう。

|| お酒が飲めない場合の断り方

✕ これはNG! 「お酒飲めないんです」

◯ 不調法（ぶちょうほう）なものですから。

または… 「あいにく不調法なものでして…」

CHECK! 「不調法」とは、「酒や芸事のたしなみがないこと」をへりくだった言葉。お酒の席に水を差さないよう、「申し訳ありません」と心苦しいことが伝わるように言いましょう。

|| ごちそうになったときのお礼

✕ これはNG! 「おいしかったです」

◯ ごちそうになり、ありがとうございました。

または… 「ありがとうございます。ごちそうさまでした」

CHECK! 「おいしかったです」だけでは、ごちそうになったときのお礼としては言葉が足りません。お礼の言葉をしっかり述べてから、「とてもおいしかったです」と付け加えましょう。

|| 後日、改めてお礼を言う場合

✕ これはNG! 「昨日はお疲れ様でした」

◯ 先日はお誘いいただき、ありがとうございました。

または… 「先日はご馳走になりまして、ありがとうございました」

CHECK! 「○○さんのお人柄にふれることができて楽しかったです」や「いろいろとお話が聞けて、大変勉強になりました」など、具体的な感想も添えるとより感謝の気持ちが伝わります。

 マナーとコツ 上司や先輩に対するオフでの言葉づかい

プライベートで上司や先輩と交流する場合も、敬語で話すのが基本マナーです。ただ、相手が親しみを込めて話しているのに、かたくなに自分を卑下したり謙遜するような言葉づかいは、「あなたと親しくなるつもりはない」と受け止められてしまう可能性もあります。お互いの交流を楽しむためにも、プライベートな場での言葉づかいは場所や内容、時間帯などを考え合わせ、状況に応じて使い分けましょう。

敬語の基本
社内
社外・訪問先
電話応対
就職活動
暮らし
メール・文書
特別付録

来客を案内するときの言葉づかいとマナー

訪問者を応接室などに案内するときも、丁寧な言葉づかいとマナーが大切です。「ご案内します」と声をかけ、手で行き先を示しながら相手の斜め前を歩きます。

廊下

2、3歩前を歩き、訪問者に完全に背中を見せないよう、体をやや斜めにします。曲がり角では一度止まって「こちらです」と振り返り、案内しましょう。

階段

階段では「どうぞお足元にお気をつけください。お先に失礼いたします」と言ってから、2、3歩前を歩きます。訪問者には手すり側を歩いてもらいましょう。

部屋のドア

内開きの場合は、「お先に失礼します」と言ってから先に入り、「どうぞこちらでございます」とドアを押さえて中に案内します。外開きの場合は、外側でドアを押さえた状態で、「どうぞお入りください」と中へ通します。

●内開きの場合

案内役が先に入室

●外開きの場合

お客様が先に入室

コミュニケーションを円滑にするクッション言葉

「クッション言葉」とは物事や行為を頼んだり、相手の申し出を断るときなどに、本題を切り出す前に付け加える特有の表現です。よく使うものとしては、「恐れ入りますが」や「お手数をおかけして恐縮ですが」などがあげられます。こうしたクッション言葉には、相手の都合や心情への気づかいを伝えたり、言いづらい内容をやわらかく表現する役割があります。

●よく使うクッション言葉の一例

・恐れ入りますが
・お忙しいところ恐れ入りますが
・お手数をおかけして恐縮ですが
・大変申し訳ございませんが
・あいにくではございますが
・もしよろしければ

※本書の80ページでは、さまざまなクッション言葉をケース別に紹介しています。
状況に応じた表現が使い分けできるよう、ぜひ覚えておきましょう。

第 **3** 章

社外・訪問先で使う
敬語のマナーとコツ

社外・訪問先で使う敬語と言葉づかいの基本
おさえておきたいポイントと心構え

‖ POINT1

外に出たら、自分は会社の「顔」という自覚を持とう

取引先への訪問や出張、外出時など、一度外に出れば、自分の言動や立ち居振る舞いが"会社のイメージ"として評価されることを覚えておきましょう。相手を不快にする言葉づかいをしていたら、「この会社の職場環境は、このレベルなんだな」と思われてしまいます。しっかりとした応対で、「信頼できる人材がいる会社」のイメージを作りましょう。

会社の看板を
背負っていることを
忘れずに！

‖ POINT2

初対面のあいさつで好印象をアピール！

初対面のあいさつは、そのまま第一印象につながります。緊張していると、表情や声もつい強張ってしまうもの。自然な笑顔と、普段の声が低い人はいつもよりやや高めのトーンを意識しましょう。相手の姿が見えたら、しっかりと目を見て自分のほうからあいさつを。好印象を抱いてもらえれば、その後の打ち合わせも気持ちよくスタートできるはずです。

はじめまして

・あいさつは自分から
・相手の目を見て
・自然な笑顔で

● 第一印象アップのあいさつポイント
　1) 自然な笑顔で相手の目を見て
　2) 自分から先に声をかける
　3) 相手に聞こえるように、声はやや高めのトーンで
　4) 自分の名前を告げるときは、ゆっくり、はっきりと

敬語の基本

社内

社外・訪問先

電話応対

就職活動

暮らし

メール・文書

特別付録

打ち合わせや商談の場では、丁寧な言葉を意識する

どんなに素晴らしい提案や企画書を用意しても、それが相手にしっかりと伝わらなければ意味がありません。打ち合わせや商談の場では、日常での会話以上に丁寧さと適切な言葉づかいが求められます。たとえ自分がわかっていても、同様に相手がわかっているとは限らないということを忘れずに、相手の反応を見ながら会話をするようにしましょう。

ちゃんと伝わっているのかな？

資料をそのまま読みあげるのではなく、相手にわかるように伝える工夫をしましょう。

トラブル時こそ、相手を敬う気持ちと気づかいを忘れずに対応する

トラブル時には、相手の主張と自分の見解が異なることもありますが、感情に任せた乱暴な言葉づかいは相手を不快にさせます。こうしたときでも相手を敬う気持ちを忘れずに、真摯な応対と言葉づかいを心がけましょう。直接的な言い方や叱責するような口調は避け、相手を不快にさせずに事情を伝えることが、トラブル解決の近道となります。

[冷静な交渉がトラブル解決の近道に]

×連絡してくれるって言いましたよね!?
○ご連絡をくださるとお聞きしていたのですが…

×最初の話と違うじゃないですか!!
○当初のお話とは違うと存じますが…

×そちらのミスですから、なんとかしてください!!
○ご事情はあると思いますが、なんとかなりませんでしょうか？

×こちらにも言い分はあります！
○どうかこちらの立場（事情）もご理解ください。

×こうしたミスは大変迷惑なんです。
○このような状況に大変困惑しております。

～って言いましたよね!?
～じゃないですか!!
なんとかしてください!!
×

～とお聞きしていたのですが…
～と存じますが…
なんとかなりませんでしょうか？
○

051

会社に訪問する（アポイントがある場合）

訪問先では、まず自社名と氏名を名乗ってから、取り次いでもらいたい相手の名前を告げます。聞き取りやすいように、ゆっくりと明瞭な声を意識しましょう。

受付でアポイントを告げる

✕ これはNG! 「○○と言いますが、××さんをお願いできますか？」

○ ○○社の○○と申します。××部の×× 様と2時のお約束でうかがいました。

または… 「××部の××様と2時にお約束がありまして、お取り次ぎ願えますでしょうか？」

CHECK! まずは、自社名と名前を告げ、受付の人に「お世話になっております」とあいさつをしてひと呼吸おいてから、取り次ぎ先の担当者名を告げるとスマートです。

訪問先に到着し、直接相手の部署に連絡する場合

✕ これはNG! 「○○と申します。××さんをお願いできますか？」

○ （名乗ってから）2時のお約束でうかがったのですが ××様はいらっしゃいますでしょうか？

CHECK! 受付などを通さずに直接相手の部署に訪問するときは、約束がある旨を伝え、担当者を呼び出してもらいます。入口の内線で呼び出す場合は、担当者が出たら名前を告げ、「ただいま、フロアの入口までうかがっております」と場所を告げれば相手も案内しやすくなります。

訪問先での案内の受け方

訪問先で取り次ぎをお願いし、「ご案内いたします」と言われたら、まずは「ありがとうございます。お願いいたします」のひと言を忘れないようにしましょう。目的の場所に案内されたら、「失礼いたします」とおじぎをして入室し、案内してくれた人にお礼を告げます。廊下やフロアなどで待機する場合は、途中でほかの社員の人が通ったら、たとえ顔見知りでなくても会釈をして「お世話になっております」とあいさつをしましょう。

敬語の基本

社内

社外・訪問先

電話応対

就職活動

暮らし

メール 文書

特別付録

‖ 約束の時間に遅れることを相手に伝える

✗ これはNG! 「すみません、ちょっと遅れます」

◯ 申し訳ございません。◯◯の都合で お約束の時間に遅れてしまいます。

または… 「申し訳ございません。◯◯の都合で 10 分ほど遅れてしまいそうです」

CHECK! 約束の時間になってから連絡するのではなく、遅れる可能性が出た時点で伝えるようにしましょう。大幅に遅れそうなら「お差し支えございませんか?」と相手の都合も確認を。

‖ 打ち合わせを切り上げる

✗ これはNG! 「それじゃ、これで」

◯ 本日はありがとうございました。

または… 「◯◯様もお忙しいと存じますので、本日はこれで…」

CHECK! 打ち合わせを切り上げる際は、唐突にならないよう「ほかには何かご不明な点などはございませんか?」などの気づかいの言葉を告げると自然な流れをつくれます。

‖ 打ち合わせのお礼を述べる

✗ これはNG! 「いろいろと、ありがとうございました」

◯ 貴重なお時間をいただき、 ありがとうございました。

または… 「本日はお忙しい中、お時間をいただきありがとうございました」

CHECK! 打ち合わせが有意義だったことを伝えるには、「本日は貴重なお話をお聞かせいただき、ありがとうございました。大変勉強になりました」といった表現も効果的です。

マナーとコツ 打ち合わせをスマートに切り上げるフレーズ

打ち合わせを切り上げる際には、そのきっかけとなるフレーズをうまく活用すると、タイミングよく自然な流れで終わらせることができます。

[打ち合わせを切り上げる際のきっかけフレーズ]
「それでは、次のお打ち合わせのご予定ですが…」
「では、早速、持ち帰って作業にかからせていただきます」
「それでは、今後ともよろしくお願いいたします」

‖ 見送りをしてもらったときのお礼

✕ これはNG!　「あ、すみません」

◯ ご丁寧にありがとうございます。

CHECK!　部屋を出る際、案内してくれた人やお茶を出してくれた人が付近にいたら、「お世話になりました」と、会釈してお礼のひと言を。受付係へも同様です。コートやマフラー、手袋などは手に持ったままで、訪問先の玄関を出てから身につけるようにしましょう。

‖ 忙しそうな相手からの見送りをやんわりと断る

✕ これはNG!　「ここで大丈夫ですよ」

◯ こちらで構いません。

または…　「どうぞお気づかいなく。こちらで結構です」

CHECK!　相手が忙しそうな様子なら、見送りを辞退する気づかいを。「結構です」だけでは、きつい印象になるので "申し訳ないので" というニュアンスが伝わるよう丁寧に。

‖ 取引先を辞去する際のあいさつ

✕ これはNG!　「それでは、これで」

エレベーターでは
扉が閉まるまで
おじぎを

◯ 失礼いたします。

または…　「お忙しい中ありがとうございました。失礼いたします」

CHECK!　初対面や新案件であれば、「今後ともよろしくお願いいたします」とひと言添えましょう。エレベーターの場合は、扉が閉まるまでおじぎをして、完全に閉まったら顔を上げます。

‖ 訪問先で顔見知りに会ったら

✕ これはNG!　「あ、どうもお疲れ様です」

◯ いつもお世話になっております。

CHECK!　「お疲れ様です」は、基本的に自分の身内側である社内の人間に使う言葉です。社外の人に対しては、「お世話になっております」を使うようにしましょう。ゆっくりとあいさつする余裕がないときは、「ちょっと急いでおりまして、また改めて」などのフォローを。

敬語の基本

社内

社外・訪問先

電話応対

就職活動

暮らし

メール・文章

特別付録

|| 顔見知りに別件で来たことを伝える

❌ これはNG！ 「今日は○○の件で来てまして」

本日は、別の案件で
うかがっております。

また は… 「本日は、別の案件でまいりました」

CHECK! 案件によっては部外秘の場合もありますので、安易に仕事の内容を口外するのは控えましょう。「○○部の○○様にお世話になっておりまして」など、言い回しを工夫します。

|| 外出先で偶然に取引先と会ったら

❌ これはNG！ 「すごい偶然ですね！」

奇遇ですね。お元気ですか？

CHECK! 再会を喜ぶ表現として、「ご無沙汰しておりましたが、こんな形でお会いできて光栄です」などの言い方も。「本日はどちらまで？」と行き先をたずねるのは、相手との関係性によっては踏み込んだ質問と受け取られる可能性もあるので、状況によって使い分けましょう。

|| 取引先に途中まで同行してよいかをたずねる

❌ これはNG！ 「じゃあ、一緒に行きましょう」

○○までご一緒しても
よろしいでしょうか？

また は… 「ご一緒させていただいてもよろしいですか？」

CHECK! 駅までの道やホームなど、相手と行き先が同じだったとき、同行を申し出る際に使います。ただし状況によっては無理に同行せず、「失礼します」と立ち去るようにしましょう。

|| 同行した取引先と別れる際のあいさつ

❌ これはNG！ 「失礼します」

お会いできてよかったです。

また は… 「またお会いできる日を楽しみにしております」

CHECK! 「失礼します」だけでは、そっけない印象になります。「ありがとうございました。お気をつけて」や「楽しいお話ができてよかったです」など、感謝の気持ちを伝えるひと言を。

シーン 2

会社に訪問する（アポイントがない場合）

アポイントがないときの訪問は、まず相手の都合をうかがいましょう。面会できた場合も、突然の訪問へのお詫びと対応してくれたお礼を述べることは必要です。

受付でアポイントがない旨を伝える

✗ これはNG! 「○○部の○○さんにお会いしたいのですが…」

○ お約束はしておりませんが、○○部の○○様にお目にかかれますでしょうか?

CHECK! 受付で取り次ぎをお願いする場合は、まずアポイントがない旨を伝えた上で、相手の都合を確認してもらいます。「ご用件は?」と聞かれる場合もありますので、「○○の件で資料をお渡しできればと思いまして」など、説明できるよう用件をまとめておきましょう。

アポイントなしで担当者に直接連絡する場合

✗ これはNG! 「実は今、御社におりまして…」

○ 近くまでまいりましたので、もしお時間があればお目にかかりたいのですが…

CHECK! 「○分ほどお時間いただければと思いまして」と所要時間を告げれば、相手も判断しやすくなります。たとえ都合が合わなくても、「お気になさらずに」などと返すのは失礼です。「こちらこそ、突然お邪魔して申し訳ありませんでした」と言って日を改めましょう。

アポイントなしで訪問した際のあいさつ

✗ これはNG! 「急に顔を出してすみません」

○ 突然お邪魔して申し訳ありません。

CHECK! お詫びをしたあとに「急な訪問にもかかわらず、お時間をいただきありがとうございます」と、感謝の気持ちを伝えるのもよいでしょう。本来の打ち合わせではないので、だらだらと長居はせず、用件を端的に述べてなるべく短時間で引き上げるのがマナーです。

敬語の基本

社内

社外・訪問先

敬語応対

就職活動

暮らし

メール・文書

特別付録

アポイントなしで訪問し辞去する際のお礼

✕ これはNG！ 「次はご連絡入れますね」

◯ ありがとうございました。次回は必ず ご連絡してからうかがいます。

CHECK! 相手に、毎回突然訪問されると思われてしまうのは、社会人としてマイナスイメージにつながります。打ち合わせなどは、アポイントをとってから訪問するのが基本。アポなし訪問は例外だということを認識して、相手にもそれを伝えるようにしましょう。

アポイントなしで訪問し、担当者が不在の場合

✕ これはNG！ 「では、結構です」

◯ それでは、 また日を改めてうかがいます。

または… 「承知しました。では、日を改めてまいります」

CHECK! 応対してくれた人にはお礼を忘れずに。資料だけでも渡したいときは、「こちらの資料を、◯◯部の◯◯様にお渡し願えますでしょうか?」とお願いします。

訪問した旨の伝言をお願いする

✕ これはNG！ 「◯◯が来た旨お伝えください」

◯ ◯◯社の◯◯がうかがったと お伝えいただけますでしょうか?

または… 「恐れ入りますが、◯◯社の◯◯がうかがったと、お伝え願えますでしょうか?」

CHECK! ここでは「来た」の謙譲語である「うかがう」を使うのが正解です。立ち去る際は、「◯◯様に、どうぞよろしくお伝えくださいませ」とあいさつを。

マナーとコツ

役職のついた相手の呼び方

役職をつけて「◯◯課長」と呼ぶ際は、役職そのものが敬称なので、「さん」や「様」はつけません。取引先でも、「◯◯課長様」などとは言いませんので注意しましょう。「様」をつけて呼ぶときは、「課長の◯◯様」とします。上司に対しても同様ですが、取引先の前では上司も身内側の人間になるので、相手を高めるために「部長の××」と敬称はつけずに言います。話す相手によって呼び方が変わることを覚えておきましょう。

◯◯課長様に
よろしく
お伝えください ✕

「◯◯課長」で
OK！

シーン3

初対面の人との
あいさつ

ビジネスシーンにおいて、初対面の人とのあいさつは名刺交換が必須となります。いつでもスマートに応対できるよう、自己紹介の基本を覚えておきましょう。

初対面の相手とのあいさつ

✗ これはNG！ 「本日はどうも」

○ 本日はお忙しい中、お時間をいただき、ありがとうございます。

または… 「はじめまして。本日はよろしくお願いいたします」

CHECK! 部屋で待つ際は、相手の足音が聞こえたら起立し、入室されたら相手のほうを向いておじぎとあいさつをします。すぐに名刺を出せるよう、事前に準備をしておきましょう。

名刺を差し出す

✗ これはNG！ 「どうも、○○です」

○ ○○社の○○と申します。

CHECK! 名刺を差し出す前に、相手の目を見て「はじめまして」とひと言加えると、より丁寧な印象になります。また、「○○の営業を担当しております」や「今回の企画の宣伝を担当させていただきます」など、具体的な役割を説明しておくと、相手も覚えやすくなります。

名刺を受け取る

✗ これはNG！ 「……」（無言で受け取る）

○ 頂戴いたします。

または… 「頂戴いたします。どうぞよろしくお願いいたします」

CHECK! 相手から名刺を受け取る際は、「いただきます」よりも丁寧な「頂戴いたします」が適切です。名刺を両手で受け取り、「よろしくお願いいたします」と軽く一礼をしましょう。

敬語の基本

社内

社外・訪問先

電話応対

就職活動

暮らし

メール・文章

特別付録

名刺が足りなくなってしまったら

✕ これはNG！ 「すみません、名刺が足りなくて…」

◯ 名刺を切らしてしまいまして、申し訳ございません。

または… 「本日は名刺が足りず、お渡しできず申し訳ございません」

CHECK! 名刺を忘れてしまった場合も同様に、「名刺を切らしておりまして」とお詫びを。名刺を持ってすぐに再訪できないときは、手紙に名刺を同封し、郵送にて送りましょう。

同席者を紹介する場合

✕ これはNG！ 「うちの○○部長です」

◯ こちらは、当社の部長の○○です。

または… 「紹介いたします。わたくしどもの部長の○○です」

CHECK! 自分の上司であっても、社外の人に紹介する際は「さん」をつけません。自社の人間を先に紹介し、次に「こちらお世話になっております○○様です」と相手を紹介します。

失礼のない人物紹介のルール

取引先との打ち合わせなどで、面識のない人同士を紹介する際は、その順番にもルールがあります。同席した人物が自社の人間であれば、まず自社の人間を紹介し、次に取引先の担当者を紹介します。失礼のないよう、以下の点に注意して紹介するようにしましょう。

[人物紹介の順序]

● **自社と取引先との場合**
・必ず自社の人間を先に紹介する。
・自社の人間が複数のときは、目下の人から先に紹介。
（例：課長→部長→社長の順）

● **取引先同士の場合**
・自分（自社）とより密接な関係にある側を先に紹介。
・両社とも密接な関係なら、肩書きや年齢などから目下の人を先に紹介。

[自社と取引先の場合]

‖ 同席者から紹介された場合

✕ これはNG! 「ご紹介にあずかりました○○です」

◯ はじめまして。○○と申します。

または… 「××（社内の人間）より紹介を受けました○○と申します」

CHECK! 同席者が社内の人間の場合、「ご紹介にあずかる」では相手よりも高めてしまうので適切ではありません。ただし、紹介者が別の取引先など、社外の人物であればOKです。

‖ 名前の読み方を確認する

✕ これはNG! 「なんて読むのでしょうか?」

◯ 恐れ入りますが、なんとお読みするのでしょうか?

または… 「どのようにお読みすればよろしいですか?」

CHECK! 「ずいぶん変わったお名前ですね」などの表現は、失礼になるので注意しましょう。「素敵なお名前で～」「印象深いお名前で～」など、気分を害さない言い回しの工夫を。

‖ 手土産を渡す

✕ これはNG! 「皆さんで食べてください」

◯ よろしければ、皆様で召し上がってください。

または… 「心ばかりですが、皆様で召し上がりください」

CHECK! 旧来の言葉として、「つまらないものですが」という表現があります。謙虚さからの表現ですが、最近では「ささやかなものですが」などと言い換えることが増えているようです。

‖ 着席を勧められたら

✕ これはNG! 「あ、はい」（そのまま着席）

◯ ありがとうございます。失礼いたします。

または… 「恐れ入ります。失礼いたします」

CHECK! 名刺交換やあいさつをしたあとは、着席を勧められたら座るようにします。相手よりも先に自分だけ座るのはマナー違反。勧められなかった場合は相手が座るのを待ちましょう。

失礼のない名刺交換の仕方と言葉づかい

マナーとコツ

名刺交換の際は、正しい言葉づかいと行動マナーが同時に求められます。丁寧な言葉で自己紹介ができていても、名刺を渡す所作に問題があれば、印象はよくありませんし、その逆も同じことがいえます。言葉と所作の両方が美しく連動した、社会人として失礼のない立ち居振る舞いをマスターしましょう。

敬語の基本 社内 社外・訪問先 電話応対 就職活動 暮らし メール・文章 特別付録

[名刺交換の仕方（同時交換の場合）]

1）名刺を差し出す
両手で名刺を持ち、相手側に向けて差し出します。

2）名刺を受け取る
右手で自分の名刺を差し出し、左手で相手の名刺を受け取り、すぐに右手を添え両手で引き寄せます。

文字は相手に向けて

3）受け取った名刺は机の上に置く
受け取った名刺はすぐに収めず、大切に扱い、打ち合わせ中は机の上に置きます。相手が複数の場合は、席に座っている順番に合わせて並べます。打ち合わせ中に名前と顔を確認するのに役立ち、名前を間違えるという失礼も回避できます。

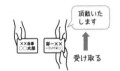

受け取る

[名刺交換の順番]

● 1対1の場合
取引先に訪問したときは、こちらが先に出すのがルールですが、相手も名刺を出してきた場合には、そのまま同時に交換するようにしましょう。

席順に並べる

● 自分の上司が同行している場合
目上の者からがルールなので、上司から先に名刺交換をしてもらいます。上司のやや後ろに名刺を準備して立ち、上司が名刺交換を終えたら、「失礼します」と前に出て名刺を差し出します。

● 自分の上司が同行し、相手も複数の場合
基本は目上の相手からですが、時間がなくやむを得ない場合などには、一番目上の人の順番を待たずに、各自の間で名刺交換を行うこともあります。相手の上下関係がない場合も同様です。

[こんなときは、プラスのひと言を]

● テーブルを挟んで名刺交換をするとき
「テーブル越しで失礼いたします」
相手との間にテーブルがあっても、席を立ち横に回って名刺交換をするのが基本マナーです。ただし、両側に人がいたり、狭いスペースでテーブルの横に立てない場合は、ひと言お詫びを告げてからテーブル越しに名刺交換をしましょう。

● 名刺交換のタイミングが遅くなったとき
「ごあいさつが遅れて申し訳ございません」
打ち合わせの途中から合流するなどで、最初にあいさつができなかった場合は、様子を見て一段落ついたタイミングで名刺を出します。その際、あいさつが遅れたことのお詫びをひと言入れてから、自己紹介をしましょう。

シーン 4

取引先との打ち合わせ

相手にお願いをする、相談を受ける、承諾するなど、打ち合わせの内容は案件によりさまざまです。伝える内容に合わせて、適切な言葉を使うようにしましょう。

|| お茶などを勧められたら

✗ これはNG！「ごちそうさまです」

○ ありがとうございます。頂戴します。

または…「恐れ入ります。では、いただきます」

CHECK! お茶とコーヒーどちらがよいかなどと聞かれた場合は、「恐れ入ります。では○○をいただけますでしょうか？」と答えましょう。お茶を出してくれた人へのお礼も忘れずに。

|| 取引先にお願いをする

✗ これはNG！「実はお願いがありまして…」

○ 本日は、○○の件でお願いに上がりました。

または…「早速ですが、○○の件でお願いがございまして…」

CHECK! 相手に頼みごとを切り出す際は、まず相手の顔を見て、ひと呼吸置いてからややゆっくりと話し始めましょう。そうすることで、相手も意識を集中し聞く姿勢をとることができます。

|| 検討をお願いする

✗ これはNG！「なんとか考えていただけますか？」

○ ぜひともご検討いただけませんでしょうか？

または…「ご一考いただければと存じます」

CHECK! ひととおり話や説明をした最後に、改めて「何卒ご検討くださいますよう、よろしくお願いいたします」と付け加えると、より強くメッセージを伝えることができます。

敬語の基本

社内

社外・訪問先

電話応対

就職活動

暮らし

メール・文書

特別付録

|| 取引先からの相談を受ける

✕ これはNG! 「どのようなご相談ですか?」

○ お話を聞かせていただけますか?

または… 「ぜひお話をうかがいたく存じます」

CHECK! 相手から相談を受ける場合でも、「ご相談」という直接的な言葉は、謙虚な印象に欠けます。「お話を聞かせていただく」と表現したほうが、より丁寧で誠意も感じられます。

|| 相手からの提案・質問に対して承諾する

✕ これはNG! 「全然大丈夫です」

○ まったく問題ございません。

CHECK! 「こちらで問題ございません」や「こちらで構いません」などもOKです。「全然大丈夫」という表現はわりと耳にしますが、「全然」は打ち消しの言葉の前に使うもので、本来は正しい組み合わせではありません。ビジネスの場では使わないようにしましょう。

|| 書類に署名と印鑑をもらう

✕ これはNG! 「こちらにお名前とハンコをお願いします」

○ こちらにご署名とご捺印を
お願いいたします。

または… 「お名前のご記入と、こちらに印鑑を押していただけますでしょうか?」

CHECK! 名前を記入することを「ご署名」、印鑑を押すことを「ご捺印」と言い換えると、丁寧な言葉づかいになります。商談などの改まった場では、それにふさわしい言葉を選びましょう。

社外の打ち合わせでは、上司は自分と並列に

本書では、取り違い敬語（13ページ）の一例としても紹介していますが、上司が打ち合わせに同席していても、取引先の前では「身内側」の人間です。上司の行為に対し「先ほど○○がおっしゃいましたように」や、「○○からご説明のあったように」と表現しないよう注意しましょう。「先ほど○○が申し上げましたように」「ご説明させていただきましたように」が正解です。社内と社外では、立てるべき相手が変わります。

先ほど○○課長が
おっしゃいましたように

打ち合わせに上司が同席していても
立場は並列です

‖ その場で返答できない質問をされた

✕ これはNG！ 「ちょっとわかりません…」

◯ 勉強不足で申し訳ありません。

または… 「すぐに調べて、改めてご説明させていただきます」

CHECK! 無理にごまかしたり、憶測であいまいな返答をすると、思わぬトラブルにつながります。自分の知識不足を正直にお詫びし、調べた結果を、後日改めて返答する旨を伝えましょう。

‖ 取引先に急なお願いをする

✕ これはNG！ 「急なんですが、なんとかお願いします」

◯ 急なお願いで誠に 申し訳ありませんが…

または… 「無理を言いまして、大変恐縮ですが…」

CHECK! 相手に負担がかかるお願いをしているので、まずはお詫びの気持ちを伝えましょう。用件を伝える際も、「〜していただけませんでしょうか？」と丁重な言葉で依頼します。

‖ 一度断られた案件を再度お願いする

✕ これはNG！ 「なんとかもう一度、考えていただけますか？」

◯ ぜひご再考を お願いできませんでしょうか？

または… 「再度、ご検討をいただけませんでしょうか？」

CHECK! ただ一方的に再考をお願いするのではなく、「弊社としましても、最大限の努力はするつもりです」や「万全の態勢で臨みますので」など、誠意と譲歩の姿勢を伝えましょう。

‖ 打ち合わせ中に自分の携帯電話が鳴った

✕ これはNG！ 「ちょっとすみません…はい、◯◯です」（携帯電話に出る）

◯ 失礼します。（着信画面を見る）

CHECK! 打ち合わせ中は、携帯電話の着信はマナーモードにしておくのが基本です。どうしても出なければならない案件がある場合は、「失礼します」と言って画面を確認し、その後の対応は状況により判断しましょう。確認後も、「大変失礼しました」とひと言お詫びを。

マナーとコツ　会話が盛り上がる相づち、失礼な相づち

相づちは、「私はあなたの話を聞いています・理解しています」ということを伝え、相手を尊重する態度を示す意思表示です。適切な相づちは、相手も気持ちよく話すことができて、会話も自然と盛り上がります。逆に、相手を不快にさせる相づちは話が盛り上がらないどころか、失礼な態度として受け取られることも。会話を上手に盛り上げるための相づちのポイントを覚えておきましょう。

[盛り上がる相づち、NGな相づち実例]

●相づち上手のポイント

1) ビジネスシーンでの相づちは、「うん」ではなく「はい」が基本。
2) 相づちは、相手の話すペースに合わせて、うなずきながら。
3) 資料を見ながら聞いていても、時々顔を上げ、相手を見てうなずく。
4) 同じ言葉での相づちを繰り返さず、「そうなんですか!」などの反応を盛り込み、興味深く話を聞いている姿勢を伝える。

相づちは「はい」
相手の話すペースに
合わせて
うなずきながら

●自然と会話が盛り上がる相づちのフレーズ

1) 相手の言ったことを繰り返す。
　例：相手「ついに店舗数が500になりました」
　　　自分「なんと、500店舗ですか」
2) 話の次の展開を引き出す。
　「それでどうなさったんですか?」
　「それはいつ頃からですか?」
3) 感情や感想を表現する。
　「それは素晴らしいですね」
　「はじめて聞きました」
　「それには驚きです」
4) 相手の意見への共感を示す。
　「そうですね」
　「私もそう思います」
　「お気持ちわかります」
　「それは大変でしたね」

相づちも会話のキャッチボールです

失礼な相づちは、かえって会話の妨げに…

●やってはいけない!　失礼な相づち

1) 相手の顔を見ずに、「うん、うん」とひとり言のようにつぶやく。
2) 相手の会話を遮り、ペースを崩すタイミングで相づちを打つ。
3) 「いやいや」「まさか」「それはないです」などの、否定的な相づちを使う。
4) 目上の人に対して、相手を評価しているようにも聞こえる「なるほど」を使う。

シーン 5 取引先への お礼とお詫び

仕事とはいえ、その根本は人と人との付き合いです。両者の関係性を深めるためにも、お礼やお詫びのシーンでは、誠意を持って気持ちを伝える努力をしましょう。

|| 快諾への感謝を伝える

✕ これはNG！ 「助かりました」

◯ ありがとうございます。 心より感謝いたします。

または… 「誠にありがとうございます」

CHECK! 感謝の気持ちを繰り返すことで、より強い謝意を伝えることができます。同じ言葉を使いづらいときは、「何度お礼を申し上げても足りないほどです」などもよいでしょう。

|| 無理な要望を受けてもらったときのお礼

✕ これはNG！ 「本当に助かりました！」

◯ ご尽力くださり、心より感謝いたします。
（じんりょく）

または… 「無理なお願いにもかかわらず、誠にありがとうございます」

CHECK! ほかには「無理なお願いをお聞き届けいただき、誠にありがとうございます」など。無理なお願いに対し、相手が努力してくれたことへの感謝の気持ちを伝える表現です。

|| 資料不足をお詫びする

✕ これはNG！ 「すみません、忘れておりました」

◯ 資料に不備がありまして、 申し訳ございません。

または… 「失念しておりました。申し訳ございません」

CHECK! 用意した資料に手違いや不足があっても、言い訳をするのはかえって印象が悪くなります。お詫びをしたあとに、「社に戻り次第、すぐにお送りいたします」などのフォローを。

敬語の基本

社内

社外・訪問先

電話応対

就職活動

暮らし

メール・文章

特別付録

取引先への迷惑をお詫びする

✕ これはNG！ 「ご迷惑をかけてすみません」

○ このたびは、ご迷惑をおかけして 誠に申し訳ございません。

または… 「私の不手際により、多大なるご迷惑をおかけし申し訳ございません」

CHECK! 「ミス」という単語は、お詫びの言葉として使うにはやや軽い印象を受けるので、「不手際」や「手違い」などと表現しましょう。対面であれば、丁寧におじぎをして伝えます。

担当ではないが、自社のミスをお詫びする

✕ これはNG！ 「うちの○○がご迷惑をおかけして…」

○ このたびは、弊社の不手際で ご迷惑をおかけして申し訳ございません。

または… 「○○の件では、ご迷惑をおかけして申し訳ございません」

CHECK! たとえ直接の担当でなくても、会社の一員としてお詫びをすることが大切です。その際、他人事のように言うのはNG。「弊社」や「私ども」といった表現を使いましょう。

相手への失言を詫びる

✕ これはNG！ 「失礼なことを言いまして、すみません」

○ 心ないことを申しまして、 大変申し訳ございません。

または… 「失礼なことを申し上げて、申し訳ございません」

CHECK! 本意ではないにしても、自分の発言を相手が不快に感じているようであれば、すぐにお詫びをしましょう。「どうか、お気を悪くされないでください」と重ねて謝ります。

反省の気持ちを伝える

✕ これはNG！ 「申し訳ございません」

○ 今後はこのようなことがないよう、 十分気をつけてまいります。

または… 「二度とこのようなことがないよう肝に銘じます」

CHECK! 「申し訳ございません」だけを伝えても、相手には上辺だけの謝罪と受け止められてしまいます。どう対処していくかを伝えることで、反省している気持ちを表しましょう。

シーン 6

取引先からの無理な要望に応える

相手からの無理な要望に対しては、断り方を考えるのではなく、まずは、どうすれば実現できるかを考えましょう。言い方ひとつで状況を改善することもできます。

無理と感じているが誠意を見せる

✕ これはNG！　「頑張ってはおりますが…」

○ お引き受けしたいのはやまやまなのですが…

または…　「いろいろと手を尽くしてはいるのですが…」

CHECK！　要望に対して、最大限に努力していることを伝えた上で、「○○でしたら、お引き受けできると存じます」と譲歩案を切り出すと、相手の心証も大きく変わってきます。

納期に間に合わない

✕ これはNG！　「それはさすがに間に合わないかと…」

○ 納期に間に合わない可能性がございます。

または…　「○日でしたらお受けできるのですが、いかがでしょうか？」

CHECK！　「納期に間に合いません」という言い方では角が立ってしまうので、「可能性がございます」と表現を和らげて伝えます。対応可能な期日を提案するなど、誠意を見せましょう。

予算が合わない

✕ これはNG！　「その予算では厳しいですね」

○ こちらのご予算ですと、少々難しいかと…

または…　「○○まででしたら、なんとか調整いたしますが…」

CHECK！　予算に関する交渉では、「お値引き」といった言葉から、「勉強させていただきます」や「調整いたします」など、ニュアンスをぼかした表現もあります。状況に応じて使い分けを。

敬語の基本

社内

社外・訪問先

電話応対

就職活動

暮らし

メール・文章

特別付録

その場で判断できない場合

✗ これはNG！ 「ちょっと考えさせてください」

⭕ 一度持ち帰らせていただいて、社内で検討してもよろしいでしょうか？

または… 「私の一存では決めかねますので、上司と相談いたします」

CHECK! その場で返答できない旨を伝えたあとに、「○日ほどお時間いただけますでしょうか？」や「明日、改めてご連絡させていただきます」と期限を告げると、相手も安心します。

再提案を求められたとき

✗ これはNG！ 「わかりました…」

⭕ 早急にまとめまして、再度ご提案させていただきます。

または… 「ご要望に沿えるよう、改めてご提案させていただきます」

CHECK! 相手から断りの意思を表明された場合でも、「では、また改めてご提案の機会をいただければと思います」と返すことで、次につなげる前向きな気持ちを伝えることができます。

正式に断る

✗ これはNG！ 「やはり難しいと思います」

⭕ 誠に残念ですが、ご辞退させていただきたく…

または… 「申し訳ありませんが、今回はご遠慮申し上げます」

CHECK! 断りのフレーズの最後に、「ご理解いただけますと幸いです」や「これにこりず、またお声がけください」「次回はぜひ」といったフォローの言葉も付け加えるようにしましょう。

誤解を招く「〜れる」の使い方

「言われる」や「聞かれる」などの「〜れる」という敬語表現は、使い方によっては話の内容そのものに誤解を招く場合があります。たとえば、「○○さんが、課長に言われていました」という表現では、○○さんが課長に話しているのか、課長が○○さんに話しているのかがわかりません。こうした場合は、「○○さんが、課長におっしゃっていました」や「○○さんが課長からお聞きになっていました」と言い換えましょう。

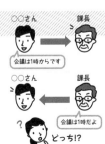

シーン **7**

取引先への プレゼンテーション

プレゼンテーションでは、情報を正確にわかりやすく伝えることが求められます。言葉づかいはもちろん、聞き取りやすい声で全員に話しかけることを意識しましょう。

║ 説明を始める

✕ これはNG! 「では、説明いたします」

○ ○○について、 ご説明させていただきます。

または… 「これより、○○について私からご説明いたします」

CHECK! プレゼンテーションを始める際の第一声は、参加者の意識を切り替え、場の空気を つくるためにも大変重要です。会場全体を見渡すようにして、明瞭な声で言いましょう。

║ 手元の資料を見てもらう

✕ これはNG! 「資料を見ていただけますか?」

○ お手元の資料をご覧ください。

または… 「お配りした資料をご覧いただけますでしょうか?」

CHECK! 資料が複数ある場合は、「お手元のA4の資料、○ページ目をご覧ください」と具体的 に言うようにしましょう。実際に資料を手に持って、見えるように掲げるとより親切です。

║ 画面に注目してもらう

✕ これはNG! 「こちらをご覧ください」

○ 正面のスクリーンにご注目ください。

または… 「正面スクリーン、こちらのグラフをご覧ください」

CHECK! プロジェクターなどを使用してプレゼンテーションを行う場合は、画面上での説明を始める前 に、必ずアナウンスを入れましょう。参加者の視線が画面に集まったのを確認してから説明を。

敬語の基本

社内

社外・訪問先

電話応対

就職活動

暮らし

メール・文章

特別付録

|| 説明を終える

✗ これはNG！ 「以上です」

○ 以上で、○○の説明を終了いたします。

または… 「説明は以上です。ありがとうございました」

CHECK! 最後は全員のほうを向いて、丁寧におじぎをします。せっかくのプレゼンテーションも、最後が締まらなければ、その後の流れに影響してしまいますので注意しましょう。

|| 質問を受ける

✗ これはNG！ 「何か質問はありますか？」

ご不明な
点などは…

参加者全員を
見渡すように
確認を

○ ご不明な点などは
ございませんか？

または… 「ご質問があれば、よろしくお願いいたします」

CHECK! プレゼンテーションの途中で質問を受けるときは、「ここまでの時点で、何かご質問はございますか？」と確認し、「なければ、次の説明に入らせていただきます」と続けます。

|| 相手の意見を求める

✗ これはNG！ 「何かご意見はありますか？」

○ 皆様のご意見を
お聞かせいただけますか？

または… 「忌憚のないご意見をうかがえればと思います」

CHECK! ほか「ご意見を拝聴できればと思います」や「率直なご意見を頂戴できればと思います」といった表現もあります。参加者が発言しやすいよう、謙虚な言い方を意識しましょう。

|| プレゼンテーションを終了する

✗ これはNG！ 「では、これで終わります」

○ 本日は貴重なお時間をいただき、
ありがとうございました。

または… 「本日はお集まりいただき、ありがとうございました」

CHECK! 最後に、お礼の言葉を丁寧に述べて終了します。「つたない説明で恐縮ですが、ご検討よろしくお願いいたします」など、次の展開につなげるための言葉も加えましょう。

シーン 8

取引先との会食
（接待する側）

取引先との会食は、日頃の感謝をお伝えし、より深い信頼関係を築く場です。相手に楽しんでいただくための気づかいの言葉と、おもてなしの姿勢で迎えましょう。

┃ 会食の席でのあいさつ

✕ これはNG! 「ご出席ありがとうございます」

◯ 本日はお越しいただき、ありがとうございます。

または… 「お忙しい中、お越しくださり、ありがとうございます」

CHECK! 来ていただいたことへのお礼のあとに、「日頃の感謝の気持ちを込めて、ささやかながら一席設けさせていただきました」と続けると、より丁寧に思いを伝えることができます。

┃ 飲み物の注文を聞く

✕ これはNG! 「ドリンクは何がいいですか?」

◯ お飲み物は何になさいますか?

または… 「お飲み物は何がよろしいですか?」

CHECK! 飲み物や料理の注文をとるのは、接待する側の役割です。料理がコースではなくアラカルトの場合は、メニューを渡し「何かお好みはございますか?」と聞くようにしましょう。

┃ 食事を勧める

✕ これはNG! 「どうぞ食べてください」

◯ どうぞ召し上がってください。

または… 「どうぞ、冷めないうちに召し上がりください」

CHECK! 「お召し上がりください」という表現は、「召し上がる」に「お」をつけている二重敬語ですが、「おうかがいする」同様、習慣として定着し使われています。

敬語の基本

社内

社外・訪問先

電話応対

就職活動

暮らし

メール・文章

特別付録

‖ 飲み物を勧める（グラスに注ぐ）

✕ これはNG! 「よろしかったら…」

○ どうぞ、お注ぎいたします。

または… 「別のお飲み物になさいますか？」

CHECK! 相手のグラスが空のままになっていると、気がきかないという印象を抱かれてしまいます。すぐに飲み物を注ぐか、様子を見て、別の飲み物にするかをたずねるようにしましょう。

‖ 締めの言葉

✕ これはNG! 「そろそろ終わりですので…」

○ そろそろお時間のようですので…

または… 「残念ながら、お開きの時間となってしまいました」

CHECK! くれぐれも場の雰囲気を壊さないよう、会話を遮ったり唐突な言い方は避けましょう。「皆様、大変お楽しみのことと存じますが…」といった言葉で切り出すと角も立ちません。

‖ 会食が終わったあとの気づかい

✕ これはNG! 「お料理は満足いただけました？」

○ お料理は お口に合いましたでしょうか？

または… 「本日のお料理は、お楽しみいただけましたでしょうか？」

CHECK! 会食が終わったら、相手が満足してくれたかを気づかう言葉を。喜んでもらえているようなら、「ありがとうございます。そう言っていただき光栄です」とお礼を述べます。

会話がはずむ、おもてなしと気づかいのフレーズ

接待などの場では、相手に楽しく話していただくのも、おもてなしのひとつです。相手の立場を考え、気持ちをほぐす気づかいのフレーズで会話を盛り上げましょう。

［相手の気持ちをほぐすきっかけフレーズ］
「こちらのお店は鍋料理が有名なのですが、鍋はお好きですか？」
「○○様は、日本酒がお好きだとうかがっておりますが…」
「○○様のご出身の郷土料理や名産品はどのようなものですか？」

会話で盛り上げるのも
おもてなしです！

シーン **9**

取引先との会食
（接待される側）

接待される側の会食でも、敬語とマナーは必須です。羽目をはずしたり失礼な言葉づかいのないよう、謙虚な姿勢と感謝の気持ちで参加しましょう。

‖ 取引先から食事に誘われたら

✕ これはNG! 「いいですね。ぜひ！」

○ お誘いいただきましてありがとうございます。

または… 「お誘いいただき光栄です」

CHECK! ただ「ありがとうございます」と答えるだけでは、儀礼的な印象を受けます。誘ってもらったことに対する感謝と、ぜひ同席したいという気持ちを丁寧に伝えましょう。

‖ 取引先からの誘いを断るときは

✕ これはNG! 「今日は予定がありまして…」

○ あいにく、どうしてもはずせない用事がございまして…

または… 「せっかくなのですが、○○の予定がありまして…」

CHECK! 誘いを断るときは、まず「お誘いありがとうございます」とお礼を述べてから。「またお声をかけていただくのを、楽しみにしております」と、次は参加する意思も伝えましょう。

‖ 招待された席でのお礼

✕ これはNG! 「呼んでいただき、ありがとうございます」

○ お招きいただき、ありがとうございます。

または… 「このような席を設けていただき、ありがとうございます」

CHECK! 店に着いたら、まずは相手にお礼の言葉を述べましょう。「本日は、お会いできるのを楽しみにしておりました」や「とても素敵なお店ですね」など、接待側を立てるひと言も。

敬語の基本

社内

社外・訪問先

電話応対

就職活動

暮らし

メール・文書

特別付録

飲み物などの注文を聞かれたら

✕ これはNG！ 「じゃあ、ビールでお願いします」

◯ では、ビールをいただきます。

または… 「ビールをお願いできますでしょうか」

CHECK! より丁寧な表現では「ビールを頂戴いたします」を使います。注文をまとめるのが大変そうなときは、「皆さんと同じもので結構です」と相手を気づかうようにしましょう。

食事やお酒を勧められたら

✕ これはNG！ 「あ、どうも」

◯ では、遠慮なくいただきます。

または… 「お言葉に甘えて、頂戴します」

CHECK! 「恐れ入ります」を頭につけると、より丁寧な表現になります。料理は、相手から特に勧められなければ、目上の人が箸をつけてから自分も食べ始めるようにしましょう。

お酒が飲めない場合の断り方

✕ これはNG！ 「お酒ダメなんです…」

◯ あいにく不調法でして、お茶をいただけますでしょうか？

または… 「私はいただけない口でして、どうぞお気づかいなく」

CHECK! 普段はお酒が飲める体質であれば、「本日は車で来ておりまして、お茶でお付き合いさせていただきます」など、理由を述べて断ります。勧めてくれた人の厚意に配慮した表現を。

お酒を断れない状況でのフレーズ

お酒が飲めない体質でも、乾杯などのシーンでは形式的にグラスに口をつける（※グラスの中のお酒に口をつける必要はありません）のがマナーです。また、取引先や目上の人から何度もお酒を勧められた場合、かたくなに断り続けるのも角が立ってしまうもの。たとえ実際には飲まなくても、「では、ひと口だけ頂戴いたします」と言って、お酌を受けるのもひとつの方法です。軽くグラスに口をつけるジェスチャーをすることで、相手の体面もその場の雰囲気も保つことができます。

NG！

かたくなに断るのも
角が立ちます

‖ 追加注文やおかわりを断る場合

✕ これはNG!　「もう結構です」

○ 十分いただきました。ありがとうございます。

または…　「十分いただきましたので、どうぞお気づかいなく」

CHECK!　「結構です」や「遠慮しておきます」という言い方は、突き放した印象を相手に与える場合があります。自分が十分満足していることを伝えた上で丁寧に断るのがマナーです。

‖ 手土産をもらったときのお礼

✕ これはNG!　「手土産まで、すみません」

○ このようなお心づかいまでいただき、ありがとうございます。

または…　「ご丁寧にありがとうございます」

CHECK!　「このようなお心づかい、恐れ入ります」でも間違いではありませんが、こうした厚意に対しては、恐縮よりも感謝の気持ちを伝えたほうが、相手も気持ちよく渡すことができます。

‖ ごちそうになったときのお礼

✕ これはNG!　「ごちそうさまでした」

○ 本日はごちそうになり、ありがとうございました。

または…　「ごちそうになりまして、本当にありがとうございました」

CHECK!　お礼はもちろんですが、「○○がとてもおいしかったです」や「こんな素敵なお店にご招待いただき、感動しました」など、具体的な感想を述べるとより気持ちが伝わります。

‖ 後日、改めてお礼を言う場合

✕ これはNG!　「先日はどうも」

○ 先日はすっかりごちそうになりまして、ありがとうございました。

または…　「先日は楽しい時間をありがとうございました」

CHECK!　接待を受けた際は、なるべく翌日にメールや電話で改めてお礼を伝えましょう。「○○様のお話、とても楽しく拝聴しました」など、良好な関係を築くための大切な機会です。

失礼のない席次のルール

「相手を敬う」という姿勢を敬語で表現するのと同じように、応接室や会議室、エレベーター、タクシーなどでは、立つ位置や座る位置で上下関係を示す「席次」というルールがあります。席次のルールでは、その場にいる人の中で取引先や来客など、もっとも目上の人がつくべき席を「上座（かみざ）」、もっとも目下の人の席を「下座（しもざ）」と呼んでいます。どんなに丁寧な言葉で応対できていても、打ち合わせの席で取引先を下座に案内してしまっては失礼になります。自分がどこに座るかは、自社に「来客」を迎えるのか、訪問先に「客」として訪問するかでもちろん変わりますが、席次のルールそのものは変わりません。まずは、それぞれの場においての席次のルールを覚えておきましょう。

応接室／会議室

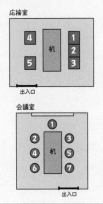

応接室

会議室

1) 出入口から一番遠い席で、応接室の場合はゆったりと座れるソファが上座、出入口に一番近く、上座からもっとも遠い席が下座となります。

2) 来客を案内する場合は、「どうぞ、こちらにおかけになってください」と、上座を勧めましょう。自分が取引先に訪問した際、上座への案内がなかったら下座に座って訪問相手を待ちます。相手から上座を勧められたときは、「恐れ入ります」と軽く一礼してから上座に移動します。

3) 会議などの際は、議長を中心にしてテーブルを囲み、議長に近いほうが上座です。

エレベーター

エレベーター内では、出入口から見て奥かつ中央が上座、出入口横の操作ボタンの前が下座となります。西洋の伝統作法の「右上位」に従い、もっとも奥の右側（出入口から見て左側）が最上位の上座です。

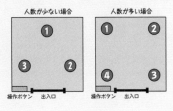

人数が少ない場合　　人数が多い場合

タクシー

後部座席の運転席のうしろが上座、助手席が下座となります。タクシーではなく、取引先の人や自分の上司が運転する車の場合は、その横の助手席が上座になるので注意しましょう。ただし、運転手が新入社員など、乗り合わせた中でも目下の人であれば、タクシーと同じ席次になります。

接客の基本応対

販売や飲食など、お客様を迎える業務での敬語と言葉づかいには、業種によってさまざまなバリエーションやルールが存在します。また、営業系のビジネスパーソンも、イベントなどでお客様に対応するケースもあります。ここでは、接客の基本的な応対で必要となるフレーズを紹介します。笑顔で明るく、美しい敬語でお迎えし、お客様に気持ちよくサービスを利用(商品を購入)してもらえるように心がけましょう。

お客様が入店したとき

✕ これはNG! 「いらっしゃい」(または無言)

⭕ いらっしゃいませ。

CHECK! 予約をしていたお客様に対しては、「ご予約の○○様でいらっしゃいますね。お待ちしておりました」とお迎えすることも。笑顔と丁寧なおじぎで歓迎の気持ちを伝えましょう。お客様を見ないであいさつすることは失礼になります。

店内をゆっくり見てもらう

✕ これはNG! 「ゆっくり見てってくださいね」

⭕ どうぞ、ごゆっくりとご覧くださいませ。

CHECK! 接客には親しみやすさも必要ですが、なれなれしい言葉づかいをしてしまっては、「失礼な店だ」と感じるお客様も大勢います。声かけはあくまで丁寧に、お客様を敬う気持ちを表現しましょう。

商品を見ているお客様に声をかける

✕ これはNG! 「今日は何か?」

⭕ どのようなものをお探しですか?

CHECK! 一人でじっくりと時間をかけて見て回りたいお客様もいるので、あまり頻繁に声をかけたりせず、様子を見て「何かございましたら、お知らせくださいませ」と、いったん下がることも大切です。

敬語の基本

社内

社外・訪問先

電話応対

就職活動

暮らし

メール・文章

特別付録

席に案内する

✗ これはNG! 「こっちになります」

◯ お席にご案内いたします。
どうぞこちらへ。

CHECK! 席の前まできたら、ゆっくりと手で椅子を示して「こちらのお席でございます」と案内します。着席後の応対は業種によってさまざまですが、その場から離れる際は、「失礼いたします」とひと言添えましょう。

お客様に呼ばれたがすぐに対応できない

✗ これはNG! 「ちょっと待ってください」

◯ はい、すぐにまいります。
少々お待ちいただけますか?

CHECK! 別の作業をしていても、お客様に呼ばれたらスマートに応対を。「今行きますので!」など高圧的な言い方をすると、お客様は気分を害するばかりか、二度と利用してもらえない可能性もあります。

お客様を待たせてしまった

✗ これはNG! 「お待たせしましたー」

◯ 大変お待たせいたしました。

CHECK! お客様を待たせているにもかかわらず、「お待たせしましたー」と語尾を伸ばしたような、ぞんざいな言葉づかいは失礼に。状況によっては、「大変お待たせしまして、申し訳ございません」とお詫びをしてから用件を聞きましょう。

お客様を見送る

✗ これはNG! 「ぜひまた来てください」

◯ またのお越しをお待ちしております。

CHECK! 「ぜひまたお越しくださいませ」や「またのご来店を心よりお待ちしております」なども使われます。言葉だけでなく、「出口までご案内いたします」と誘導し、最後に「ありがとうございました」とおじぎをするとより丁寧な応対になります。

ビジネスシーンでよく使うクッション言葉一覧

クッション言葉とは、何かを頼んだり、言いづらい内容を伝えるときなどに、角が立たないよう本題を切り出す前に加える表現です。クッション言葉を使うことで相手への配慮を伝えることができますが、会話や文章の中であまり頻繁に使用すると、惰性で使っていると受け止められかねないので注意しましょう。

- ●お願い・相談・確認する
  - ・**恐れ入りますが**、ご確認いただけますでしょうか?
  - ・**重ね重ねのお願いで恐縮ですが**、納期を早めることはできますでしょうか?
    （ぶしつけなお願いで恐縮ですが／厚かましいお願いで恐縮ですが）
  - ・**お手数をおかけしますが**、○○をお届けいただけますでしょうか?
    （ご面倒をおかけしますが／ご足労をおかけしますが）

- ●意向をたずねる
  - ・**差し支えなければ**、お返事をいただけますでしょうか?
  - ・**もしよろしければ**、お答えいただけますでしょうか?
  - ・**失礼とは存じますが**、お聞きしてもよろしいでしょうか?

- ●タイミングを配慮する
  - ・**ご都合のよいときで結構ですので**、ご一読ください。
  - ・**お時間のあるときに**、お立ち寄りください。
  - ・**お手すきの際に**、ご確認いただけると幸いです。

- ●断る・辞退する
  - ・**申し訳ございませんが**、お引き受けできかねます。
  - ・**あいにくではございますが**、明日は会議が入っておりまして…
  - ・**お役に立てず申し訳ございませんが**、今回は辞退させていただきたく…
  - ・**大変残念ではございますが**、今回は見送らせていただきたく…
  - ・**せっかくのご依頼ではございますが**、商品が足りない状態でして…
  - ・**身に余るお言葉ですが**、今回はご辞退申し上げたく存じます。
  - ・**大変心苦しいのですが**、お断りさせていただきたく存じます。

- ●反論する
  - ・**おっしゃることはごもっともですが**、当社としましては…
  - ・**お気持ちは大変よくわかりますが**、どうかご検討いただきたく…
  - ・**差し出がましいようですが**、○○とお聞きしましたので…

第4章

電話応対で使う
敬語のマナーとコツ

電話応対で使う
敬語と言葉づかいの基本
おさえておきたいポイントと心構え

‖ POINT1

顔が見えないぶん、より丁寧な
言葉づかいを意識しよう

対面であれば、表情や動作で伝えたいニュアンスを補足できますが、電話は会話だけでのコミュニケーション。自分では普通に話したつもりでも、言葉が足りないせいで高圧的な印象を持たれてしまうことも。だからこそ、より丁寧な言葉づかいが求められます。失礼な言い方ではないか、用件をわかりやすく伝えられているか、常に意識しましょう。

姿勢を正して、ハキハキと。
聞きとりミスがないよう、
メモ用紙を用意しておきましょう

ひじをついたり、
別の作業をしながらの電話はNGです

‖ POINT2

電話をかけるときも、５Ｗ１Ｈを意識して
要点をまとめておこう

ビジネスシーンにおける電話は、原則として連絡手段です。相手の都合も考えず、長々と説明が必要な内容を電話で相談するのは考えもの。社内での報告、連絡、相談と同様、電話をかける前に、５Ｗ１Ｈ「いつ（When）、どこで（Where）、だれが（Who）、なにを（What）、なぜ（Why）、どのように（How）」を整理して、要点を自分でも把握しておくと、スムーズに話すことができます。

● 5W1Hを使った電話の一例

いつ（When）	先日
どこで（Where）	御社にてご提案しました
だれが（Who）	××様への
なにを（What）	○○についてのイベント企画ですが、
なぜ（Why）	ご要望いただいた点をまとめましたので、
どのように（How）	次回の打ち合わせをお願いできますでしょうか？

要点をまとめてから
電話をかけましょう

電話を受けて取り次ぐまでの基本手順

電話を受けてから取り次ぐまでの基本手順を覚えておくと、さまざまな状況にも適切な応対ができるようになります。取り次ぎ先が在席か不在かによってその後の応対が変わりますので注意しましょう。

電話が鳴ったら…

受話器をとり、社名を告げる

相手が名乗ったのを受けて、あいさつ

取り次ぎ先を復唱してから保留にする

担当者(取り次ぎ先)を呼び出す

●担当者が在席の場合
　⇒電話の相手を、担当者(取り次ぎ先)に告げて終了

●担当者が不在の場合
　⇒相手に不在の理由と、戻りの予定時間を告げる

こちらからかけ直すか、状況に応じて対応する

あいさつをして電話を切る

電話をかけるときの基本手順

電話をかける際は、以下の基本手順に沿ってかけるようにします。相手が不在とわかってから電話口でどうするかを悩むことのないよう、あらかじめ不在時の対処方法も想定しておくとスマートです。

まず用件を整理、必要な資料は手元に用意しておく

会社名と名前を名乗り、あいさつ

取り次いでもらいたい担当者名を告げる

●担当者が出た場合
　⇒社名と名前を名乗り、用件を話す
　⇒あいさつをして電話を切る

●担当者が不在の場合
　⇒戻り時間を確認

かけ直す旨を伝えるか、状況によって折り返しや伝言をお願いする

あいさつをして電話を切る

敬語の基本

社内

社外・訪問先

電話応対

就職活動

暮らし

メール・文章

特別付録

電話を受ける

シーン **1**

電話を受ける際、最初に名乗るのは会社名。この第一声をどう発するかが、まさしくその会社の第一印象につながります。温かみのある明瞭な声で対応しましょう。

‖ 電話を取る

✗ これはNG！ 「もしもし、○○社ですが」

○ はい、○○社でございます。

または… 「はい、○○社○○部でございます」

CHECK! 部署への直通番号の場合は、部署名まで名乗ることも。また、電話を受けるときは「もしもし」ではなく「はい」が適切。「○○社ですが」という言い方は失礼にあたります。

‖ 電話を取るのに時間がかかった場合

✗ これはNG！ （慌てて）「はい○○社です！」

○ お待たせしました、○○社でございます。

CHECK! 電話は、着信3コール以内にとるのがマナーです。それ以上かかってしまったときは、冒頭に「お待たせしました」と、ひと言加えましょう。状況によって「大変お待たせしました」と使い分けを。慌てて電話を取って、早口で社名を言わないよう注意しましょう。

‖ 相手が名乗ったら

✗ これはNG！ 「どうも、お世話様です」

○ お世話になっております。

または… 「いつも大変お世話になっております」

CHECK! 「お世話様です」という言い方は、感謝の気持ちを表す言葉を、わざわざ簡略しているような軽い印象を受けるので失礼です。丁寧に「お世話になっております」と伝えましょう。

敬語の基本

社内

社外・訪問先

電話応対

就職活動

暮らし

メール・文章

特別付録

相手の社名や名前が聞き取れなかった

✕ これはNG! 「すみません、もう1回お願いします」

◯ 恐れ入りますが、もう一度 お聞かせいただけますでしょうか?

または… 「申し訳ございません。もう一度うかがってもよろしいでしょうか?」

CHECK! 社名や名前を再度聞くときは、申し訳ないという気持ちがしっかりと伝わるように意識してお願いしましょう。事務的に言うと、相手の気分を著しく害することになります。

電話の声が聞き取りづらい

✕ これはNG! 「よく聞こえないんですが…」

◯ 申し訳ございません。 お電話が少々遠いようなのですが…

または… 「申し訳ございません。お電話が遠いようでございます」

CHECK! 相手の声が小さいときや、電話先の音がうるさいときにも、こうした表現を使うことができます。くれぐれも「もう少し大きな声でお願いします」と言わないようにしましょう。

上司の家族からの電話への応対

社外の人からの電話では、「身内側」の人間である上司についての話でも敬語表現は使いませんが、上司の家族からかかってきた場合は、その上司のことを敬語で話します。上司の家族に対して、「◯◯ですね。おりますので少々お待ちください」などと言わないように注意しましょう。また、上司に日頃お世話になっている感謝の気持ちを、家族にも伝えるようにします。

[上司の家族からの電話への応対例]

電話の相手:「私、◯◯の妻ですが、
　　　　　　◯◯はおりますでしょうか?」

自分:「◯◯課長にはいつもお世話に
　　　なっております。ただいまお呼びしますので、
　　　少々お待ちください」

　　　（課長が席に不在の場合）
　　　「◯◯課長は、ただいま会議中でして、
　　　◯時には終わる予定でございます」

課長にはいつも
お世話になって
おります。

感謝の気持ちも
ひと言添えましょう。

同じ名字の人が複数名いる場合

✕ これはNG! 「○○は2人いますが…」

○ ○○は2人おりますので、フルネームでお願いできますか?

CHECK! 同姓が男女なら、「男性の○○でしょうか?」などと聞くこともできます。「下の名前はわかりますか?」という聞き方は、「下の名前」が失礼になるので避けましょう。相手がフルネームを知らない場合は、用件の概要を聞いて社内で把握している人間に確認します。

担当部署が違う

✕ これはNG! 「こちらは担当ではないので…」

○ ○○の件は、××部で対応させていただきます。少々お待ちいただけますか?

CHECK! 「○○の件について聞きたい」など、担当ではない部署への問い合わせがあった場合の応対です。内線で取り次げないときは、該当部署の連絡先を伝えましょう。電話のたらい回しを防ぐため、「担当者に伝えまして、のちほど担当の者よりご連絡申し上げます」でもOK。

相手が名前を名乗らない

✕ これはNG! 「お名前を頂戴できますか?」

○ 失礼ですが、お名前をうかがえますでしょうか?

または… 「恐れ入りますが、お名前をお聞かせ願えますか?」

CHECK! 「頂戴する」は「受け取る」の謙譲語なので、名前をたずねる際には使いません。逆に名前しか名乗らない相手には、「どちらの○○様でいらっしゃいますか?」と確認を。

間違い電話がかかってきた

✕ これはNG! 「番号を間違えていませんか?」

○ 失礼ですが、どちらにおかけでしょうか?

または… 「恐れ入りますが、おかけ間違いではございませんか?」

CHECK! たとえ間違い電話でも、丁寧な応対をするべきです。「こちらは○○社でございますが、何番におかけですか?」と告げれば、相手も番号の間違い箇所を確認しやすくなります。

敬語の基本

社内

社外・訪問先

電話応対

就職活動

暮らし

メール・文書

特別付録

|| セールスの電話がかかってきた

✕ これはNG！「結構です！」

◯ 必要な際は、こちらからご連絡いたします。

または…「セールスのお電話は、お断りするよう言われております」

CHECK！ セールスの電話に対しては、言葉はあくまで丁寧に、言い回しははっきりしたほうが、断る意思を明確に伝えられます。あいまいな返事は会話のきっかけになるので注意を。

|| 相手の社名や名前の漢字が知りたい

✕ これはNG！「どんな字を書くのでしょうか？」

◯ 恐れ入りますが、どのような字をお書きになるのでしょうか？

または…「恐れ入りますが、漢字ではどのようにお書きになりますか？」

CHECK！ 相手にメールや郵送をするときは、正しい表記を確認しておきましょう。こちらから「千葉様の漢字は、千葉県の千葉でよろしいでしょうか？」と聞いても問題ありません。

聞き間違えやすい企業名や数字に注意！

電話は音声のみで情報を受けるため、音によっては聞き取りにくい言葉、聞き間違えやすい言葉があります。特に社名、日時などの数字の聞き間違えはトラブルになりかねませんので、復唱をして十分確認しましょう。

[社名、数字などの確認方法]

●**聞き間違えやすい音**

「**タ**イセイ商事」と「**カ**イセイ商事」
「A**B**C建設」と「A**D**C建設」など
⇒「タチツテトのタですね」「ABCの**B**ですね」
　などと確認を。

●**聞き間違えやすい日時**

「7（しち）時」と「1（いち）時」
「4日（よっか）」と「8日（ようか）」　など
⇒「なな（7）時ですね」「よん（4）ですね」などと確認を。

●**音が似ていなくても、勘違いしやすい時間**

「14時」と「4時」「15時」と「5時」など
⇒「午後2時（14時）ですね」「午後5時ですね」などと確認を。

よっか
4日で…

はい、ようか 8日ですね

取引先　　　　自分

聞き間違いに注意！

シーン **2**

自分宛の
電話を受ける

自分宛にかかってきた電話でも、いきなり用件を聞こうとするのではなく、丁寧にあいさつをしましょう。相手を電話口で待たせてしまったときは、まずお詫びを。

‖ 受けた電話が自分宛だった

✗ これはNG！ 「あ、どうも○○です」

◯ はい、私（わたくし）でございます。

または… 「はい、私○○でございます」

CHECK！ ビジネスの場では男女問わず、「わたし」ではなく「わたくし」を使いましょう。「○○の件でご担当者を」を言われた場合は、「はい、私が担当の○○でございます」と応対を。

‖ 自分の携帯電話に直接かかってきた

✗ これはNG！ 「はい、お世話になっております」

◯ はい、○○でございます。

CHECK！ 携帯電話は、着信画面に相手の電話番号や名前が表示されるため、事前に誰からの着信かわかっていることがあります。だからといっていきなり「お世話になっております」と切り出すのはマナー違反。相手がわかっていても、まずは自分から名乗りましょう。

‖ 自分に取り次がれた電話を受ける

✗ これはNG！ 「はい、代わりました」

◯ お電話代わりました。
○○でございます。

または… 「お電話代わりました。私、担当の○○と申します」

CHECK！ 自分宛の電話に出る際は、まずは受け手が代わったことがわかるよう相手に伝えます。案件についての問い合わせを受けた場合は、自分が担当者ということを明確にしましょう。

整装の基本

社内

社外・訪問先

電話応対

就職活動

暮らし

メール・文書

特別付録

自分に取り次がれた電話で、保留のまま相手を待たせてしまった

✕ これはNG！ 「すみません、○○です」

○ 大変お待たせしました、○○でございます。

CHECK! 相手にとって電話の保留は長く感じるもの。長々と待たせるのは相手の気分を害することになるので、すぐに出られないなら折り返すよう伝えてもらうようにしましょう。どうしても待たせてしまった場合は、「お待たせして申し訳ありません」と、まずお詫びを。

電話に出たものの話す時間がなく、こちらからかけ直したい

✕ これはNG！ 「あとでかけ直します」

○ のちほどお電話をさせていただいてもよろしいでしょうか？

または… 「のちほど、折り返しお電話してもよろしいでしょうか？」

CHECK! 切り出す前には、「申し訳ありません、今から席をはずしてしまいますので」や「打ち合わせに入ってしまいますので」と事情を説明したほうが、相手にも納得してもらえます。

話していた電話を一度切りたい

✕ これはNG！ 「一度、切らせてもらっていいでしょうか？」

○ 大変申し訳ございません。のちほどかけ直してもよろしいでしょうか？

CHECK! 電話を一方的に切るのはマナー違反ですが、やむを得ず切りたい場合は、角が立たないよう切り出します。「落ち着いてご説明したほうがよろしいと思いますので」や、「その件は一度確認してからお電話いたします」など、状況によって適切な言葉を使いましょう。

用件を終えて電話を切る

✕ これはNG！ 「では、これで」

○ 失礼いたします。

受話器のフックを
指で押して切ると
「ガチャン！」という音が
相手に聞こえません

CHECK! 電話をかけたほうが先に切るのが原則ですが、相手が取引先や目上のときは、先方が切ったのを確かめてから受話器を置きましょう。指でフックを押してから受話器を置けば、「ガチャン！」という音が出ないので、相手に不快な思いをさせないですみます。

シーン3

電話を取り次ぐ

電話を取り次ぐときは、「迅速・正確」を意識しましょう。
状況に応じて的確かつスムーズな応対ができれば、会社
そのもののイメージも向上します。

|| 電話をつなぐ旨を伝える

✕ これはNG! 「はい、代わります」

◯ 少々お待ちください。

または… 「○○でございますね。少々お待ちくださいませ」

CHECK! より丁寧な表現としては、「ただいま○○に代わります（つなぎます）ので、少々お待ちくださいませ」などがあります。伝えたあとはひと呼吸おいて保留ボタンを押しましょう。

|| 担当者に電話の相手を告げる

✕ これはNG! 「○○さんにつなぎます」

◯ ○○社の○○様から お電話が入っております。

または… 「○○社の○○様からお電話ですが、いかがいたしますか？」

CHECK! 担当者が在席していても、電話に出られない状況もあります。外出の準備をしていたり忙しそうな様子なら、そのまま取り次いでよいかどうか確認するようにしましょう。

|| 担当者が席をはずしている

✕ これはNG! 「今はちょっといないみたいです」

◯ ○○は席をはずしておりまして…

または… 「申し訳ございません。○○は席をはずしておりまして…」

CHECK! 保留した電話に再度出る際は、「お待たせいたしました」と声をかけてから担当者の不在を告げます。「いかがいたしましょうか？」と相手の要望を確認し適した応対をしましょう。

破語の基本

社内

社外・訪問先

電話応対

就職活動

暮らし

メール・文書

特別付録

担当者が席に戻ってきた

✕ これはNG! 「あ、戻ってきました!」

○ ただいま戻ってまいりましたので、少々お待ちくださいませ。

または… 「○○が戻ってまいりましたので、少々お待ちくださいませ」

CHECK! 応対中に担当者が戻ってきた場合は、その旨を伝えて保留にします。相手は二度待っている状態なので、なるべく迅速に担当者に取り次ぐよう対処しましょう。

担当者が電話中の場合

✕ これはNG! 「いま電話中のようです」

○ あいにく、ほかの電話に出ておりますが…

または… 「申し訳ございません。ただいま、ほかの電話に出ております」

CHECK! 「終わり次第、こちらからお電話をいたしましょうか?」と続けると、より丁寧です。「ほかの電話に出ているよう(みたい)ですが…」など、あいまいな表現は避けましょう。

取り次ぎ中に担当者の電話が終わった場合

✕ これはNG! 「あ、いま終わりました!」

○ 電話が終わりましたので、少々お待ちいただけますでしょうか?

または… 「ただいま終わりましたので、少々お待ちくださいませ」

CHECK! 応対中に電話が終わった場合は、相手にその旨を伝えて、すぐ担当者に取り次ぎを。「○○さんにお待ちいただいております」と事情を伝えれば、担当者もお詫びが言えます。

担当者が打ち合わせ中の場合

✕ これはNG! 「打ち合わせ中みたいです」

○ ○時まで、打ち合わせをしております。

または… 「打ち合わせをしておりまして、終了時間はわかりかねるのですが…」

CHECK! 終了予定時間がわかっているようであれば、相手に伝えるとより丁寧です。予定時間がわからない場合は、「いかがいたしましょうか?」とその後の対応を確認しましょう。

‖ 外出している場合

✕ これはNG! 「ただいま出ております」

○ ただいま外出しておりまして…

または… 「ただいま外出しておりまして、戻りは○時の予定でございます」

CHECK! 担当者が一日外出している場合は「○○は本日、終日外出しております」と伝え、急ぎの用件かを含め相手の要望を確認しましょう。行き先などを告げる必要はありません。

‖ 帰宅している場合

✕ これはNG! 「今日はもう失礼させていただいております」

○ 申し訳ございません。本日は帰宅いたしました。

または… あいにくですが、本日○○は帰宅いたしました。

CHECK! 「〜させていただく」は相手からの許可や恩恵を含んだ表現なので適切ではありません。「お急ぎのご用件でしょうか?」や「明日は○時に出社いたします」などのフォローを。

‖ 出張中の場合

✕ これはNG! 「大阪に出張しております」

○ ○日まで出張しております。

または… 「あいにくですが、○日まで出張中でして…」

CHECK! 相手と関係ない仕事での出張場所や案件を伝えるのは、かえって失礼になるので避けましょう。担当者が長期出張の場合は、上司に相談するなど状況により適切な対応を。

‖ 休んでいる場合

✕ これはNG! 「本日お休みをいただいております」

○ ○○は本日休みを取っております。

または… 「本日は休んでおりまして、申し訳ございません」

CHECK! 「休みをいただく」という表現は、上司に「明日、休みをいただけますか」と許可をもらう際などに使います。社外の人に対して使うのは間違いですので注意しましょう。

敬語の基本

社内

社外・訪問先

電話応対

就職活動

暮らし

メール・文書

特別付録

担当者の戻り時間を聞かれた

✕ これはNG! 「○時には戻ると思います」

○ ○時には戻る予定でございます。

または… 「○時に帰社予定でございます」

CHECK! 担当者の帰社時間が遅れることも考えられますので、あくまで「予定」ということを伝えましょう。すでに帰社時間を過ぎていたら「戻りが遅れているようです」とフォローを。

担当者が異動・退職している

✕ これはNG! 「○○はもうこの部署にはいませんが…」

○ ○○は現在、こちらの部署にはおりません。

CHECK! 異動や退職を社外の人にどう伝えるかは、状況により大きく異なります。事前に上司と相談して引き継ぎの担当者や応対の内容を決めておくか、「よろしければ、ご用件をうかがいますが…」と用件を確認して、その場で上司の判断を仰ぐようにしましょう。

急ぎの電話こそ、相手に失礼のない応対を

電話の取り次ぎで、相手が明らかに急いでいたり、何度も電話をしているのに、「担当の○○は外出しておりまして、戻りは未定のようです」と他人事のような応対をすれば、電話相手や自社の担当者に迷惑がかかるのはもちろん、会社のイメージダウンにもつながります。先方から具体的な要望がなくても、相手の立場を考えた、臨機応変な応対が大切です。

[状況を配慮した応対例]

● 相手が明らかに急いでいる場合

「お急ぎのご用件でしたら、○○の携帯電話に連絡をとって、折り返すよう申し伝えますが…」
「お急ぎでしたら、わたくしがご用件をうかがい、○○に確認いたしますが…」

● 相手から何度も電話がかかってきた場合

「何度もお電話いただくのは申し訳ございませんので、○○からご連絡するようにいたしますが…」

お急ぎのご用件でしょうか？

ホッ

状況に応じて柔軟な判断を。

|| 相手が急いでいる様子だったら

✗ これはNG！「急いでますか？」

○ お急ぎのご用件でしょうか？

または…「お急ぎでいらっしゃいますか？」

CHECK! 相手の事情によって、携帯電話で担当者に連絡をとる、別の担当者に取り次ぐ、上司に相談するなど対処しましょう。許可なく担当者の携帯電話番号を教えるのはNGです。

|| 折り返しの電話が必要か確認する

✗ これはNG！「こちらからお電話しますか？」

○ 折り返しお電話いたしましょうか？

または…「こちらからお電話させていただきますが…」

CHECK!「○○から、お電話を差し上げるようにいたしましょうか？」と表現すると、より丁寧な印象になります。「～したほうがいいですか？」は高圧的な表現なので避けましょう。

|| 担当者の代わりに用件を聞く

✗ これはNG！「どんなご用件ですか？」

○ よろしければ、代わりにご用件をうかがいますが…

または…「差し支えなければ、ご用件を承りますが…」

CHECK! 相手を問い詰めるような口調にならないよう、謙虚な言い方を意識しましょう。「もしよろしければ」「差し支えなければ」「お急ぎでしたら」などの言葉で切り出すと丁寧です。

|| 用件を確認し名前を名乗る

✗ これはNG！「では、私の方からそう伝えておきます」

○ ○○の件、私○○が承りました。

または…「私、○○がそのように申し伝えます」

CHECK!「私、○○が承りました。○○が戻り次第、そのように申し伝えます」とするとより丁寧です。日時などの重要な情報は、「復唱いたします」と断ってから再確認しましょう。

敬語の基本

社内

社外・訪問先

電話応対

就職活動

暮らし

メール・文章

特別付録

わかりやすい伝言メモの書き方

電話を受ける際は、指名された人の在席・不在にかかわらずメモをとる習慣をつけましょう。すぐに書き記すことで、情報の伝達ミスを防ぐことができます。受話器をとってから慌てることのないよう、電話機の横に専用のメモ用紙を置いておくと便利です。また、電話相手から不在の人への伝言を聞くときなどは、聞きこぼしがないよう、電話を切る前に復唱して相手に再確認を。不在の人に渡す伝言メモは、用件がひと目でわかるように整理して書きます。

［伝言メモの書き方と注意点］

● 伝言メモの作成ポイント

1) 伝言メモは、1枚に1案件だけを書く。

2) 緊急の場合は、ひと目でわかるように赤い文字で「至急」「重要」などと書き添える。

3) メモを机に置く際は、電話器やパソコンのキーボードにテープで貼るなど、相手が目につきやすいよう工夫する。

4) メモを見落とす可能性も考え、本人に直接口頭でも伝える。

○○様から
ご連絡がありました

メモだけでなく、
直接口頭でも伝えましょう。

○○課長❶

○月○日（月）　午後1時30分❷

○○商事株式会社　××部
○○様よりお電話ありました。❸

来月の打ち合わせの件ですが、日時を変更したいので
本日中にお電話いただきたいとのことです。❹
連絡先：00−0000−0000❺

 ○○○○　受❻

● 伝言メモに書く6つの要素

❶ 伝言を伝える相手の名前

❷ 電話を受けた日時

❸ 電話してきた人の社名・部署名・名前など

❹ 伝言内容

❺ 折り返しの場合の連絡先

❻ 自分（電話を受けた者）の名前

電話をかける

シーン 4

事前に用件を整理しておき、電話がつながったら、まず自社名と名前を名乗るのが基本です。相手が聞き取りやすいよう、ゆっくりと滑舌よく話すようにしましょう。

‖ 電話をかける

✗ これはNG! 「もしもし、○○社の○○といいます」

◯ ○○社の○○と申します。

CHECK! 「もしもし」という言葉は、ビジネスシーンに適していないので使わないようにしましょう。名乗る際は、会社名（所属先名）＋名前の順番で。そのあと「お世話になっております」とあいさつをしてから、取り次いでもらいたい担当者の名前を告げます。

‖ 取り次いでもらいたい相手を伝える

✗ これはNG! 「○○さんはおられますか？」

◯ ○○様はいらっしゃいますか？

または… ○○様はいらっしゃいますでしょうか？

CHECK! 「おられますか」という表現は「おります」から転じたものと考えられますが、そもそも「おります」は謙譲語なので、変換しても相手を高める尊敬語の表現にはなりません。

‖ 担当者が電話に出たら

✗ これはNG! 「どうも○○です。○○の件ですが…」

◯ ○○社の○○です。 今お時間よろしいでしょうか？

または… 「○○社の○○です。○○の件でお電話させていただきました。少々お時間いただけますでしょうか？」

CHECK! 電話に出てもらえたからといって、いきなり本題に入るのではなく、相手の都合を確認する気づかいを見せることが大切です。

敬語の基本

社内

社外・訪問先

電話応対

就職活動

暮らし

メール・文章

特別付録

担当部署や担当者がわからない案件の電話をかける

✕ これはNG! 「○○の件でわかる方はいますか?」

○ ○○の件をご担当されている方は いらっしゃいますでしょうか?

または… 「○○の件をご担当されている部署はどちらでしょうか?」

CHECK! 誰に問い合わせればよいのかわからない場合、その案件の担当者をたずねる言い回しです。「○○の件についてお聞きしたいのですが」と加えるとより丁寧な印象になります。

相手のほかの電話が終わるまで待たせてもらう

✕ これはNG! 「待ってもよろしいですか?」

○ 待たせていただいても よろしいでしょうか?

または… 「もしよろしければ、待たせていただきたいのですが…」

CHECK! 相手の電話がもうすぐ終わるという状況でも、「待たせていただきます」と一方的に決めるのは避けましょう。相手の負担にならないよう、待ってもよいかどうかを確認します。

就業時間外に電話をする

✕ これはNG! 「夜遅くにすみません」

○ 夜分遅くに申し訳ございません。

または… 「夜分遅くに失礼します」

CHECK! 就業時間前なら「朝早くから申し訳ございません」など、明らかに就業時間をはずれている状況で電話をする際は、ひと言お詫びを入れてから担当者を呼び出してもらいましょう。

携帯電話に連絡をする

✕ これはNG! 「どうも○○です。今大丈夫ですか?」

○ ○○社の○○です。 今お電話よろしいでしょうか?

または… 「○○社の○○です。今お話ししてもよろしいでしょうか?」

CHECK! 緊急の案件や、先方から「携帯電話にかけてくれ」と指示があった場合でも、まず相手が話せる状況かを確認し、長時間の通話にならないよう用件をまとめておきましょう。

✕ これはNG!　「夜遅くにすみません」

○ 夜分遅くに申し訳ございません。

CHECK!　やむを得ない事情で夜遅くに個人宅へ電話をする際は、まずお詫びを伝えましょう。その後、「私、○○社の○○と申します。○○様はご在宅でしょうか?」と、名乗ることを忘れずに。相手が上司なら、「私、○○さんの部下の××と申します」と関係を告げます。

│面識がない人に電話をかける

✕ これはNG!　「はじめまして。○○さんですか?」

○ はじめてお電話いたします。
○○社の○○と申します。

または…　「○○さんのご紹介で、お電話させていただきました」

CHECK!　上司など「身内側」の人間からの紹介の場合は、「○○さん」や「ご紹介」という敬語は使いません。「課長の○○からの紹介で、お電話させていただきました」と表現しましょう。

│面識がない人の携帯電話にかける

✕ これはNG!　「○○さんの携帯ですか?」

○ こちら、○○様の
携帯電話でしょうか?

または…　「○○様でいらっしゃいますか?」

CHECK!　仕事とはいえ、知らない番号からの着信は不安なもの。状況によっては、「御社の○○様から、こちらのご連絡先を紹介いただきました」など事情を説明するようにしましょう。

│自分が不在時にかかってきた電話に折り返す

✕ これはNG!　「先ほどお電話もらったみたいで」

○ 先ほどお電話をくださった
○○様はいらっしゃいますか?

または…　「お電話をいただきましたが、○○様はいらっしゃいますでしょうか?」

CHECK!　「くださった」は相手の行為に対する表現、「いただいた」は自分に対する行為を指しています。主体が「相手」か「自分」のどちらかで、正しい敬語を使い分けましょう。

敬語の基本

社内

社外・取引先

電話応対

就職活動

暮らし

メール・文章

特別付録

|| 電話に出られなかったことを詫びる

✕ これはNG! 「先ほどは電話に出られずすみません」

○ 先ほどはお電話をいただきまして、失礼いたしました。

または… 「先ほどは席をはずしておりまして、申し訳ございませんでした」

CHECK! ほかには、「先ほどはお電話に出られず、大変失礼いたしました」なども使います。折り返しが遅くなった場合は、「ご連絡が遅くなってしまい申し訳ございません」とお詫びを。

|| 電話をくれた相手が誰かわからない場合

✕ これはNG! 「どなたかお電話くれましたか?」

○ ○○宛にお電話をくださった方はいらっしゃいますでしょうか?

CHECK! 本来ならば、電話を受けた際に名前も聞くべきですが、やむを得ず名前がわからないときは、取り次ぎ担当者に負担をかけるので丁寧にお願いするべきです。また、自分の携帯電話に、取引先の着信番号だけが残っていたときなども、このような言い回しを使います。

|| 電話が途中で切れてしまい、かけ直す

✕ これはNG! 「すみません、切れちゃいました」

○ 途中で切れてしまい、大変失礼しました。

または… 「お電話が切れてしまい、大変失礼しました」

CHECK! 携帯電話を使う際は、電波が確実に入る場所を選んでかけるべきですが、それでも切れてしまったときはすぐにかけ直し、お詫びをします。相手側が原因でも同様の気づかいを。

マナーとコツ ## 電話をかける際は、相手の都合も考慮しよう

電話をかける際は、時間帯や相手側の状況などを考慮するようにしましょう。始業・終業の前後や昼休みなどは、なるべく連絡を避けるべきですが、必要に迫られているのであれば、「お忙しいところ申し訳ございません」や「お昼どきに申し訳ございません」など、ひと言添えるようにします。また携帯電話にかけたときに、相手が移動中で慌ただしそうな様子であれば、「のちほど、かけ直しいたしましょうか?」と気をつかいましょう。

シーン
5

電話の相手が
不在の場合

担当者が不在の場合は、状況に合わせてその後の応対を考えましょう。何をお願いしたいのかを丁寧かつ明確に伝えないと、電話を受けた相手も困惑してしまいます。

|| 相手の戻り時間を知りたい

✕ これはNG！「何時頃、お戻りになられますか？」

○ 何時頃、
お戻りになりますでしょうか？

または…「お帰りは、何時頃になりますでしょうか？」

CHECK! ほか、「お戻りの時間は、おわかりになりますか？」など。「お戻りになられる」という表現は、「お戻りになる」＋「〜られる」と敬語が重複しており、間違った二重敬語です。

|| 出張中の相手が戻る日を知りたい

✕ これはNG！「いつ頃帰ってこられますか？」

○ 出張からのお戻りは、
いつ頃でしょうか？

または…「いつ頃、お帰りになりますでしょうか？」

CHECK! 「恐れ入りますが、いつ頃、出張からお戻りになるかご存じでしょうか？」といった聞き方だと、より丁寧な印象になります。問い詰めるような口調にならないよう注意を。

|| こちらからかけ直す旨を伝える

✕ これはNG！「ではまた、かけ直します」

○ こちらからまた改めて、
お電話させていただきます。

または…「それでは、その頃に改めてお電話いたします」

CHECK! ほか、「こちらから、おかけ直しいたします」など。電話があったことだけ伝えてもらう際は、「○○から電話があったことだけ、お伝えくださいませ」とお願いしましょう。

敬語の基本

社内

社外・訪問先

電話応対

就職活動

暮らし

メール・文章

特別付録

|| 「折り返し連絡いたしましょうか?」との申し出があったら

✕ これはNG! 「はい、お願いします」

○ 恐れ入ります。それでは、 お願いできますでしょうか?

または… 「お手数をおかけしますが、お願いしてもよろしいでしょうか?」

CHECK! 折り返してもらう際は、必ず連絡先を告げましょう。申し出を断る場合、「お気づかいありがとうございます。こちらの用件なので、改めてお電話させていただきます」と丁寧に。

|| 伝言をお願いする

✕ これはNG! 「伝言をお願いしてもいいですか?」

○ 伝言をお願いしたいのですが、 お伝えいただけますか?

または… 「お言づけいただけますでしょうか?」

CHECK! 「恐れ入りますが」と切り出してから伝言をお願いします。「〜と、お伝え願えますでしょうか?」や「〜と、お伝えいただけますでしょうか?」などの表現で最後を締めます。

|| 用件を伝える旨の申し出があったら

✕ これはNG! 「はい、お願いします」

○ それでは、お願いできますでしょうか? ○○の件ですが…

CHECK! 担当者であれば、いきなり用件を伝えても話は通じますが、伝言を頼む際は、まず何の案件なのかを明確にしましょう。内容も、わかりやすく簡潔にまとめる必要があります。状況によっては、「詳細はメールにてお送りします」と伝言してもらうのもよいでしょう。

|| 伝言を頼んだ相手の名前を聞く

✕ これはNG! 「念のため、お名前を教えていただけますか?」

○ 恐れ入りますが、お名前を うかがってもよろしいでしょうか?

または… 「失礼ですが、お名前をうかがえますでしょうか?」

CHECK! 「念のため」といった聞き方は相手を信頼していないようにも取れ、失礼になります。「恐れ入りますが〜」や「失礼ですが〜」など、あくまで低姿勢でたずねましょう。

‖ 伝言を再確認する

❌これはNG! 「ということで、お願いいたします」

◯ では○○の件、 よろしくお伝えくださいませ。

CHECK! 電話を受けた相手が、伝言の内容を復唱した場合は、「はい。恐れ入りますが、そのようにお伝え願えますでしょうか?」という言い方もできます。こちらから再確認するのであれば、「○○変更の件」や「○○ご相談の件」など、概要をまとめるようにしましょう。

‖ 不在の相手に送ったメールやFAXを確認してもらうよう伝えてもらう

❌これはNG! 「メールを確認するようお伝えください」

◯ メールをご確認くださるよう、 お伝えいただけますでしょうか?

または… 「FAXをご確認いただきたいと、お伝え願えますでしょうか?」

CHECK! すでにFAXを送っているのであれば、電話を受けた相手に、「先ほどFAXをお送りしたのですが、○○様にお渡しいただけますでしょうか?」とお願いすると確実です。

‖ 折り返し電話をしてほしい旨を伝える

❌これはNG! 「折り返し電話をもらえますか?」

◯ お電話くださいますよう、 お伝えいただけますでしょうか?

または… 「○○までご連絡くださいますよう、お伝え願えますでしょうか?」

CHECK! 先方から電話をしてもらうときは、「恐れ入りますが」や「申し訳ありませんが」と丁寧にお願いするのがマナーです。担当者が連絡先を知っていても、電話番号は伝えましょう。

‖ 至急連絡をとりたい旨を伝える

❌これはNG! 「至急ご連絡いただけますか?」

◯ 急ぎの用件がございまして、ご連絡を くださるよう、お伝えいただけますか?

または… 「至急ご相談したい件がございまして、ご連絡したいのですが…」

CHECK! 「至急ご連絡ください」という表現は、高圧的な印象を与えます。あくまでこちらの都合なので、早急に対応してもらいたいというニュアンスを謙遜しながら伝えましょう。

敬語の基本

社内

社外・訪問先

電話応対

就職活動

暮らし

メール・文章

特別付録

留守番電話にメッセージを残す

✕ これはNG! 「また電話します」

○ ○○の件でお電話いたしました。
また改めてご連絡させていただきます。

または… 「急ぎではありませんので、改めてお電話させていただきます」

CHECK! まず社名と名前を名乗り、何の用件で連絡したのか、急ぎなのか、折り返しを求めるなら連絡先まで伝えると、メッセージを聞いた相手もその後の応対がしやすくなります。

不在だった相手に電話をかけ直す

✕ これはNG! 「○○さんは戻りました?」

○ 先ほどお電話した□□社の□□ですが、
○○様はお戻りになりましたでしょうか?

または… 「たびたび申し訳ありません。○○様はお戻りになりましたでしょうか?」

CHECK! 最初の電話からあまり間を開けずに連絡した場合、電話を受けた相手が同じだと何度も取り次ぎをしてもらうことになります。お詫びの気持ちを忘れないようにしましょう。

マナーとコツ　自分の名前の漢字表記を聞かれたら

連絡したい相手への伝言を頼む場合、自分の名前の漢字を聞かれることがあります。慌ててしまわないよう、誰でも思い浮かべることができる説明の仕方を、普段から考えておきましょう。特に、「あべ（安部・安倍・阿部）」や「きくち（菊池・菊地）」「わたなべ（渡辺・渡部）」「たけだ（武田・竹田）」などの名字は、漢字の表記を間違えられやすいので注意を。同様に、自分が相手の名前を聞く際も確認しましょう。

[わかりやすい漢字表記の伝え方]

安倍 ⇒ 安全の安に、にんべんの倍
菊池 ⇒ 植物の菊に、さんずいの池
渡辺 ⇒ 道を渡るの渡に、しんにょうの辺（へん）
武田 ⇒ 武士の武に、田んぼの田
成澤 ⇒ 成人の成に、
　　　　難しいほうのさんずいの澤
川村 ⇒ 三本川の川に、市町村の村
石川 ⇒ 石川県の石川

安房（あわ）の
安に…

相手がわかりやすい
たとえの説明を

シーン
6

電話で依頼、確認、お礼、お詫びをする

声だけのやりとりでも、あなたの気持ちや意思は自然と相手にも伝わります。電話でお礼やお詫びをする際は一度姿勢を正し、気持ちを引き締めましょう。

|| 打ち合わせのアポイントをとる

✕ これはNG！ 「何日なら空いていますか？」

◯ ご都合のよい日を 教えていただけますでしょうか？

または… 「◯◯様のご希望日を教えていただけますでしょうか？」

CHECK！ 「◯◯の件でお打ち合わせをお願いしたいのですが」と本題を忘れずに。一定の期間内で決めたい場合は、「来週ですと、いつ頃がご都合よろしいでしょうか？」と聞きます。

|| 指定された日時で自分の都合がつかない場合

✕ これはNG！ 「その日はちょっと予定がありまして…」

◯ 申し訳ございません。 別の日時では難しいでしょうか？

または… 「申し訳ございません。その前後ですとご予定はいかがでしょうか？」

CHECK！ ただ断るのではなく、「その日は◯時から◯時以外でございましたら対応できるのですが、ご都合はいかがでございますか？」など、相手の都合を尊重しながら行いましょう。

|| 具体的な日時を指定してアポイントをとる

✕ これはNG！ 「◯日はどうですか？」

◯ ◯日の◯時からですと、 ご都合はいかがでしょうか？

または… 「◯日◯時に、お時間いただくことはできますでしょうか？」

CHECK！ または、「◯日から◯日の間で、ご都合のよい日はございますか？」など。日時を指定して相談する場合でも、相手の都合を尊重するという姿勢を忘れないようにしましょう。

敬語の基本

社内

社外・訪問先

電話応対

就職活動

暮らし

メール・文章

特別付録

取引先に出向くことを申し出る

✘ これはNG! 「では、私がそちらに行きますね」

⭕ 私が御社にうかがいます。

または… 「私がそちらにまいります」

CHECK! 自ら申し出るのではなく相手の許可をもらうのであれば、「お打ち合わせの場所ですが、御社にうかがってもよろしいでしょうか?」となります。状況に合わせて使い分けを。

自社に訪問してもらえるかをたずねる

✘ これはNG! 「弊社に来てもらえますか?」

⭕ 弊社にお越しいただけますでしょうか?

または… 「ご足労いただいてもよろしいでしょうか?」

CHECK! または、「弊社にお越しいただいてもよろしいでしょうか?」など。「大変申し訳ありませんが」や「勝手を言いまして恐縮ですが」といったクッション言葉も活用しましょう。

決定した打ち合わせ日程を確認する

✘ これはNG! 「○日の○時でよろしいですね?」

⭕ では○日○時にうかがいますので、よろしくお願いいたします。

または… 「では○日○時に、お待ちしております」

CHECK! 聞き違いや勘違いを防ぐためにも、「ではそれでお願いいたします」といった表現はNG。日時だけでなく、打ち合わせをどちらで行うのかも含めて復唱し確認をしましょう。

確認、質問したいことがある

✘ これはNG! 「ちょっと聞きたいのですが…」

⭕ ○○の件でうかがいたいのですが…

または… 「○○についてお聞きしたいのですが…」

CHECK! 何について聞きたいのかを先に伝えることで、相手も応対しやすくなります。「少々お時間いただいてもよろしいでしょうか?」と、相手に判断をゆだねるとより丁寧です。

‖ メールやＦＡＸが届いているかを確認する

✕ これはNG!　「メール届いていますか?」

○ メールをお送りしましたので、ご確認いただけますでしょうか?

または…　「FAXをお送りしましたが、お手元に届いておりますでしょうか?」

CHECK!　丁寧な言い回しを意識し過ぎて、「お送りさせていただきましたので、ご確認いただけますでしょうか」という表現では回りくどくなります。敬語の乱用には注意が必要です。

‖ 送ったメールやＦＡＸが届いていないとき

✕ これはNG!　「ではもう一度送ってみます」

○ 大変失礼しました。再度お送りいたします。

または…　「申し訳ございません。すぐに再送いたします」

CHECK!　届いていない原因がどちらにあるかは関係なく、まずはお詫びを伝えることが大切です。「恐れ入りますが、番号(アドレス)をご確認してもよろしいでしょうか?」と確認を。

‖ お礼を言う

✕ これはNG!　「先日はどうも」

○ 先日はお世話になりまして、ありがとうございました。

または…　「○○の件では、本当にありがとうございました」

CHECK!　日頃から密な付き合いがある相手でも、お礼は丁寧に、まめに伝えるようにしましょう。こうした積み重ねが、より信頼関係の向上へとつながります。

‖ お詫びを伝える

✕ これはNG!　「ミスしてしまい、すみません…」

○ このたびは、申し訳ございませんでした。

または…　「○○様にご迷惑をおかけしてしまい、誠に申し訳ございません」

CHECK!　ミスの内容によって言い方も変わってきますが、大切なのは、口先だけの謝罪にならないことです。相手に迷惑をかけたことへのお詫びはもちろん、対応策も伝えましょう。

注意したい、いまどきの話し方

家族や友人との会話でつい使ってしまう、「○○みたいな」などの「いまどき言葉」。ビジネスの場においてこうした話し方は、一度使っただけでもその人の印象に大きく影響し、信頼性を落とすことになります。いざというときに、無意識に出てしまわないよう、普段から使うことを避けるようにしましょう。

[いまどき言葉NG例]

●語尾を伸ばす
「○○じゃないですか〜」「○○だし〜」「○○とか〜」

●発音を崩す
「あざーす！」「つーか」「てゆーか」「だーよねー」

●不要な疑問形
「このあいだの企画？ ってどうなったんですかね」

●自分を下の名前で呼ぶ
「その作業、ユミがやりましょうか？」

軽い気持ちで使ってしまうと、
大きなイメージダウンに…

●あいまいな表現
「○○的な？」「○○っぽい」「○○な感じ」「○○みたいな」

電話・携帯電話のマナー

電話応対のマナーとして正しい言葉づかいはもちろんですが、それ以外でも、相手に失礼にならないよう気をつかうべきポイントがあります。特に携帯電話は、いつでも連絡がとれるのは便利ですが、緊急の用件以外で頻繁に電話をされるのを嫌がる人もいるので注意が必要です。電話をする際に気をつけるべき点を、ここで一度、しっかり整理しておきましょう。

[電話・携帯電話のマナー]

1) 相手が話しやすい時間帯を考慮する。

2) 複雑な内容やデリケートな案件を電話で済ませない。

3) 携帯電話をかける際は、静かな場所で。

4) 打ち合わせ中は、携帯電話の電源を
   オフにするかマナーモードに。

5) 会社の電話に個人の携帯電話でかけてきた相手には、
   「かけ直しましょうか」の気づかいを。

移動しますので
少々お待ちください。

相手からの
着信を受けるときも
静かな場所に
移動するように
しましょう。

電話での クレーム応対

シーン 7

クレームの電話をかけてきた相手に対して失礼な態度を
とれば、さらなるトラブルにつながります。まずは冷静
にクレーム内容に耳を傾け、謝罪の意を示しましょう。

|| クレームの内容を確認する

✗ これはNG！ 「とにかく聞かせていただけますか？」

○ 詳しく事情を お聞かせいただけますか？

または… 「どのような問題がございましたか、うかがえますでしょうか？」

CHECK! まずは、クレームの内容を正しく把握することが重要です。すでに感情的になっている
相手に対しても、こうした姿勢を示すことで、冷静になってもらえる可能性もあります。

|| クレーム内容が要領を得ない場合

✗ これはNG！ 「おっしゃる意味がわかりかねますが…」

○ 恐れ入りますが、お話を一度 整理させていただけますか？

または… 「問題点を確認させていただいてもよろしいでしょうか？」

CHECK! 「ご注文の数量と違っていたということでしょうか？」など、先方の言い分とこちらが把握
している事実が食い違っていないか、丁寧に確認することで問題点を整理していきます。

|| 調べたのちに、折り返し連絡する場合

✗ これはNG！ 「とにかく一度確認してみます」

○ すぐに確認しまして、 折り返しご連絡させていただきます。

または… 「お調べしますので、○分ほどお時間をいただけますでしょうか？」

CHECK! 「とにかく確認してみます」では、相手に誠意は伝わりません。具体的に次のリアクショ
ンを示すことで、真摯な対応と解決すべく努力していることを理解してもらいましょう。

敬語の基本

社内

社外・訪問先

電話応対

就職活動

暮らし

メール・文書

特別付録

‖ 自分の担当ではないクレームの場合

✕ これはNG! 「私の担当ではないので…」

◯ 担当の者が応対させていただきますので、少々お待ちいただけますでしょうか?

または… 「担当の者に代わりますので、少々お待ちいただけますでしょうか?」

CHECK! 相手にとって、誰が担当なのかは重要ではありません。同じことを最初から説明させないためにも、受けた内容はなるべく詳細に担当者に伝え、電話を取り次ぐようにしましょう。

‖ 担当者が不在の場合

✕ これはNG! 「今、わかる者がいないので…」

◯ 担当の者が席をはずしておりまして、戻り次第、ご連絡させていただきます。

または… 「ただいま担当者が不在でして、折り返しお電話させていただきます」

CHECK! たとえ担当者が不在でも、社員として「ご迷惑をおかけして申し訳ございません」とお詫びするのがマナー。緊急のトラブルであれば、すぐ上司に相談して判断を仰ぎましょう。

‖ こちらの不手際だった場合

✕ これはNG! 「それはすみませんでした」

◯ 大変申し訳ございません。

または… 「ご迷惑をおかけしましたことを、心からお詫び申し上げます」

CHECK! お詫びの言葉の前には、「ご迷惑をおかけして」「ご不快な思いをされて」「ご不便をおかけして」「こちらの不注意(不手際)で」など、状況によりさまざまなフレーズが入ります。

‖ 対応を話し合う

✕ これはNG! 「では◯◯しときますね」

◯ ◯◯させていただければと思いますが、いかがでしょうか?

または… 「◯◯いたしますので、ご容赦いただけませんでしょうか?」

CHECK! 「◯◯」には、返品や交換など、具体的な解決策が入ります。「交換いたします」と言い切ると、勝手に決めている印象になるので、相手にゆだねる表現にしましょう。

無理な対応を迫られた

✕ これはNG！　「それはさすがに困ります」

〇 大変申し訳ございませんが、ご要望には添いかねます。

CHECK!　「できるだけ調整してみますが…」など、あやふやな返答をするとさらなるトラブルを招きます。ただし自分で判断できない内容の場合は、「私の一存では決められませんので、上司に相談いたします」と相手に伝えてから上司と相談して、対処方法を考えましょう。

クレーム内容が相手の勘違いだった

✕ これはNG！　「ならよかったです」

〇 私どもの説明がいたらず、申し訳ございません。

または…　「こちらの説明が足りませんでした。申し訳ございません」

CHECK!　完全に相手の勘違いであっても、こちらにも非があったという姿勢を伝えましょう。「今後ともよろしくお願いいたします」と告げれば、相手の面目も保てます。

勘違いに気づき相手が謝った

✕ これはNG！　「いえ、大丈夫です」

〇 どうぞこの件はお気になさらず、今後もよろしくお願いいたします。

または…　「こちらこそ、ご心配をおかけしてしまい恐縮です」

CHECK!　相手が謝罪をしてきたからといって「うちは大丈夫ですよ」や「勘違いでよかったですね」などの返答では、別の意味で不快な思いをさせてしまいます。あくまで謙虚に応対を。

クレームの電話を切るとき

✕ これはNG！　「わざわざお電話申し訳ありませんでした」

〇 貴重なご意見をありがとうございました。今後に活かしてまいります。

または…　「ご指摘いただき、誠にありがとうございました」

CHECK!　クレーム内容によっては、感謝の言葉がそぐわない場合もあります。その際は、「今後はこのようなことのないよう、十分に注意してまいります」と反省の言葉を述べましょう。

敬語の基本

社内

社外・訪問先

電話応対

就職活動

暮らし

メール・文書

特別付録

マナーとコツ クレーム応対の心構えと、NGフレーズ

感情的になっている相手から一方的に電話でクレームを言われると、慣れないうちは動揺してしまい、冷静な応対ができないこともあります。いざというときに慌てないよう、日頃からクレームの電話に対する心構えを持ち、的確な応対ができるようにしておきましょう。

［冷静な応対と言葉づかいのポイント］

●クレーム応対時の心構え

1）まずは相手の話を冷静に聞き取る。
2）話を聞いている際は、反論や否定をしない。
3）相手の話を遮らない。
4）相手の気持ちに同調する。
　（例：「ごもっともでございます」などと答える）
5）真摯な態度で解決策を提案する。
6）こちらに非がある場合は、言い訳をせずに心からの謝罪を述べる。
7）今後、関係性の改善に向けて努力することを伝える。

詳しくお聞かせ
いただけますか？

まずは相手の話を聞いて、
真摯な応対を

●クレーム応対で避けたい言い回しと言いかえの例

× 「そんなはずはないのですが…」
○ 「すぐに確認して（調べて）お返事させていただきます」

× 「そちらの間違いということはないでしょうか?」
○ 「恐れ入りますが今一度、ご確認いただけませんでしょうか?」

× 「そう言われましても…」
○ 「そうおっしゃるお気持ちはよくわかりますが…」

× 「先ほどから何度も言っていますが」
○ 「先ほどお伝えしましたように…」

× 「じゃあ、どうされたいんですか?」
○ 「○○様のご要望をお聞かせ願えますか?」

●クレーム応対でのNGフレーズ

× 「普通、そのようなことは考えられません」
× 「それは絶対にないです」
× 「ですから…」
× 「しかしですね…」
× 「だから…」
× 「それはちょっと」
× 「はあ?」
× 「……（無言）」

※無言でいることも、話している相手に対して失礼にあたります。

はぁ?

失礼な応対は、
二次クレームにつながります

さすが！と言われるPOINT

聞き取りにくい50音を確認するコツ

電話中の会話では、音の聞き間違いを防ぐために、"あいうえお"の"あ"ですね」などと確認することがあります。誰もが知っている、わかりやすい言葉を選ぶのが基本ですが、船舶などの無線通信で一般に使用されている「和文通話表」が便利です。

通話表（和文）

あ	朝日のア	す	すずめのス	の	野原のノ	ゆ	弓矢のユ
い	いろはのイ	せ	世界のセ	は	はがきのハ	よ	吉野のヨ
う	上野のウ	そ	そろばんのソ	ひ	飛行機のヒ	ら	ラジオのラ
え	英語のエ	た	たばこのタ	ふ	富士山のフ	り	りんごのリ
お	大阪のオ	ち	ちどりのチ	へ	平和のへ	る	留守居のル
か	為替のカ	つ	つるかめのツ	ほ	保険のホ	れ	れんげのレ
き	切手のキ	て	手紙のテ	ま	マッチのマ	ろ	ローマのロ
く	クラブのク	と	東京のト	み	三笠のミ	わ	わらびのワ
け	景色のケ	な	名古屋のナ	む	無線のム	を	尾張のオ(ヲ)
こ	子どものコ	に	日本のニ	め	明治のメ	ん	おしまいのン
さ	桜のサ	ぬ	沼津のヌ	も	もみじのモ	゛	濁点 例：「為替のカに濁点」
し	新聞のシ	ね	ねずみのネ	や	大和(やまと)のヤ	゜	半濁点 例：「はがきのハに半濁点」

不在時の電話応対では、気づかいのひと言を

電話応対の中でも、特に気づかいを忘れないようにしたいのは、取り次いだ相手が不在であったり、自分が不在時にかかってきた電話への折り返しです。相手は目的を果たせずに終わっているので、そのことに対するフォローやお詫びをひと言加えることで、大きく心証も変わります。

取り次いだ担当者が不在だった場合の電話の切り方

× 「失礼します」
○ 「せっかくお電話いただきましたのに申し訳ございませんでした。失礼いたします」
○ 「○○が承りました。お電話ありがとうございました」

自分が不在時にかけてきた相手に折り返す場合

× 「お電話くれました？」
○ 「先ほどは席をはずしておりまして、失礼いたしました」
○ 「お電話いただいたそうで、申し訳ございません」

第 **5** 章

就職活動で使う
敬語のマナーとコツ

就職活動で使う
敬語と言葉づかいの基本
おさえておきたいポイントと心構え

‖ POINT1

いざというときに慌てないよう、
普段から正しい敬語を習慣づけておこう

企業面接で重要なのは、思いがけない
質問をされたときにどう応対するかです。
想定していた質問と違うと焦ってしまい、
つい「すごい」や「ほんとに」といった
普段の言葉づかいが出てしまうことも。
面接の場で失敗しないよう、日頃から
敬語で話す習慣をつけておきましょう。
面接の直前には家族や友人に敬語で
話すトレーニングなども有効です。

日頃から敬語を話す
トレーニングを

‖ POINT2

問い合わせの電話では、
自分の用件を丁寧かつ簡潔に伝えよう

問い合わせの電話は、丁寧な言葉づかいを心がけましょう。また、相手は仕事中に対応して
くれているということを忘れずに、簡潔に用件を伝えます。面接の日時や場所を告げられる
場合もあるのでメモの準備をしておき、先方に確認したい点があれば、あらかじめ書き出して
おきましょう。携帯電話からかける場合は、落ち着いて話せる静かな室内で。

[電話をかける前にもう一度チェック!]

1) 問い合わせに適した時間帯か?
   始業・終業時間の前後や、昼休みは避けましょう。
2) 問い合わせ内容は整理できているか?
   確認し忘れがないよう、項目を書き出しておきましょう。
3) 担当部署や担当者の名前は確認できているか?
   名前を間違えるなど、失礼のないようにしましょう。

|| POINT3

美しい言葉づかいは、
重要なアピールポイントになる

面接では、限られた時間で自分を最大限にアピールしなければなりません。そんな中で、正しい敬語と言葉づかいは、大変強力な武器になります。あらゆるビジネスシーンにおいて敬語は必要不可欠なものであり、必ず求められるスキルだからです。また、たとえ同じ内容でも、言葉づかいが美しいと、相手への伝わり方がより深くなることもあります。

|| POINT4

面接での質疑応答は、
明瞭な発音でゆっくりと

面接時の質疑応答では、質問に対する返答内容はもちろんですが、「相手に伝える」というコミュニケーション能力も評価されます。ぼそぼそと話したり早口になってしまうと、話の内容が相手に伝わらず、マイナスの印象を与えてしまいます。日頃の自分の話し方や口ぐせ、会話の特徴などを周囲の人に聞いて、自分では気づかない点も改善しましょう。

[相手が聞きやすい話し方のポイント]

1) 母音を意識して、はっきりと発音する。
   「は (a) じ (i) め (e) ま (a) し (i) て (e)」と、母音までしっかり
   意識して発音することで声が聞き取りやすくなります。
2) 口をしっかりと動かして明瞭な声で。
3) 話すペースは、ややゆっくりと感じるくらいがベスト。
4) だらだらと続けて話さず、センテンスごとに区切る。

会社への問い合わせ

電話では話し方や会話のやりとりで、その人の印象が決まってしまいます。問い合わせの電話から面接が始まっているという意識で、丁寧な言葉づかいを心がけましょう。

|| 問い合わせの電話をかける

✕ これはNG! 「あの、すみません。ちょっと聞きたいんですが…」

○ お忙しいところ恐れ入ります。
少々お聞きしたいのですが、よろしいですか?

または… 「少々うかがいたいことがあるのですが、よろしいでしょうか?」

CHECK! 自分の名前を名乗ることも忘れずに。社会人なら「○○(名前)と申します」、学生なら「○○大学の○○(名前)と申します」と、まずは自分の名前をはっきりと伝えましょう。

|| 募集告知を見て電話をかける

✕ これはNG! 「求人の件で聞きたいことがあるんですが…」

○ ○○で求人広告を拝見し、
お電話させていただきました。

または… 「○○の求人広告の件でお聞きしたいのですが、よろしいですか?」

CHECK! いきなり採用担当者が電話に出る可能性は低いと考えましょう。誰が出ても用件が伝わるよう、「どんな媒体で募集告知を見たのか」ということをきちんと相手に伝えます。

|| 人事担当につないでもらいたい

✕ これはNG! 「担当の人、お願いできますか?」

○ 採用担当の方に、お取り次ぎを
お願いできますでしょうか?

または… 「恐れ入りますが、採用担当の○○様はいらっしゃいますか?」

CHECK! 募集告知などに採用担当者名が明記されているときは、相手の名前を言って取り次ぎを頼んだほうがスムーズ。大きな会社の場合は、人事課に電話をつないでもらいましょう。

敬語の基本

社内

社外・訪問先

電話応対

就職活動

暮らし

メール・文章

特別付録

|| 担当者が不在の場合

✕ これはNG! 「そうですか。じゃあ、またあとでかけます」

○ お戻りになる頃、改めてお電話いたします。

または… 「ではその頃、改めておかけいたします」

CHECK! こちらからの用件で電話をしているので、「伝えておいてください」と自分から伝言を頼むのは失礼です。「お戻りのご予定は何時でしょうか?」などと、時間を確認しておきましょう。

|| 応募内容についてたずねたい

✕ これはNG! 「私でも大丈夫ですか?」

○ 応募の資格について、ご相談したいことがございます。

CHECK! 募集要項の条件を満たしていない場合、例えば「経験3年以上とありますが、私は2年の経験でございます。ぜひとも応募させていただきたいのですが、ご検討いただけますよう、よろしくお願い申し上げます」など、謙虚かつ前向きな姿勢をアピールしましょう。

|| 仕事内容についてたずねたい

✕ これはNG! 「どういう仕事なんですか?」

○ お仕事の内容について、教えていただけますか?

または… 「詳しいお仕事内容についておたずねしたいのですが、よろしいですか?」

CHECK! 仕事内容に疑問があれば、失礼のない範囲でたずねましょう。仕事内容をきちんと確認することは、仕事に対する熱意や真摯な姿勢の表れでもあります。

|| 会社案内などの資料を送ってほしい

✕ これはNG! 「会社案内とかって、送っていただけます?」

○ 恐れ入りますが、会社案内をお送りいただくことはできますでしょうか?

または… 「大変申し訳ございませんが、会社案内をご発送いただけませんでしょうか?」

CHECK! 頼みごとを承諾するかどうかの決定権は相手にあります。依頼するときは、謙虚な姿勢で「負担をかけて申し訳ない」「厚意に感謝する」という気持ちを忘れずに話しましょう。

面接を希望したい

✕ これはNG！ 「面接なんですが、いつ行けばいいですか？」

○ **ぜひ面接を
受けさせていただきたいのですが…**

または… 「ぜひとも面接の機会をいただきたいのですが、よろしいでしょうか？」

CHECK! 場合によっては応募人数が定員に達して面接してもらえないこともあります。謙虚な
気持ちを忘れずに、まずは面接の機会をもらえるかどうかを確認しましょう。

面接の日時を提案された場合

✕ これはNG！ 「その日なら大丈夫です」

○ **かしこまりました。それでは
○月○日の○時にうかがいます。**

または… 「はい。では○月○日の○時にまいります。どうぞよろしくお願いいたします」

CHECK! 「大丈夫です」「OKです」などの言葉は避けましょう。「わかりました」ではなく、「かし
こまりました」と丁寧に答え、日時などは聞き間違いを防ぐために、必ず復唱します。

面接の日時の都合が悪い場合

✕ これはNG！ 「その日はちょっと無理なんですが…」

○ **恐れ入りますが、別の日にして
いただくことはできますでしょうか？**

CHECK! 面接日はできる限り先方の提案を優先させます。どうしても都合が悪い場合は、「大変申
し訳ございません。○日はどうしても都合がつきません」とお詫びを。「いつなら大丈夫で
すか？」と聞かれた際にすぐ返答できるよう、自分のスケジュールを把握しておきましょう。

対応してくれた相手へのお礼

✕ これはNG！ 「どうもいろいろすみませんでした」

○ **お忙しいところ、
誠にありがとうございました。**

または… 「お忙しいところご親切にご対応いただきまして、ありがとうございました」

CHECK! 対応してくれたことに対して、しっかりとお礼の言葉を述べましょう。用件を終えたら
「失礼いたします」と言い、相手が電話を切ったのを確認してから電話を切ります。

敬語の基本

社内

社外・訪問先

電話応対

就職活動

暮らし

メール・文書

特別付録

就職活動で必須の敬語と言葉づかい一覧

電話での問い合わせや、エントリーシート・履歴書の作成、面接など、就職活動のさまざまなシーンでよく使われるフレーズは、ビジネスの場においてもよく使うものばかりです。社会人としての適性をアピールするためにも、正しい敬語と言葉づかいを覚えておきましょう。

［就職活動で必須の敬語フレーズ］

● よく使う言葉と言いかえ一覧

用語	言いかえ表現
人・会社・日時・場所をさす言葉	
僕/私（わたし）	私（わたくし）
（相手の）会社	御社 貴社（主に文章で使用）
担当者	ご担当の方 ご担当者様 ○○様
誰	どなた
昨日（きのう）	昨日（さくじつ） 先日（せんじつ）
明日（あした）	明日（あす・みょうにち）
こっち	こちら
そっち	そちら
あっち	あちら
もうすぐ	間もなく
さっき	先ほど

用語	言いかえ表現
状態・行為を表す言葉	
ちょっと	少々
とても	大変
すごく	非常に
本当に	誠に
じゃあ	それでは
見る	拝見する
読む	拝読する
やります	いたします
います	おります
もうすぐ	間もなく
さっき	先ほど
すぐに	早速
あとで	のちほど
今	ただ今

● 依頼、お願い、質問するときのフレーズ

「〜していただけませんでしょうか？」「〜をお願いできますでしょうか？」
「〜について、うかがいたいのですが」

● お礼、お詫びのフレーズ

「誠にありがとうございます」「本日はお忙しい中、ありがとうございました」
「大変申し訳ございません」「勉強不足で申し訳ございません」

● 承諾のフレーズ

「かしこまりました」「承知いたしました」「そちらで結構です／そちらで問題ございません」

● 印象ダウンのNGフレーズ

× 「えーと」「あのー」「そのー」「あぁ、それはですね」
無意識に使ってしまいがちですが、多用すると耳障りなことも。
口ぐせになっている人は注意しましょう。

× 「特にありません」
相手から意見や感想を聞かれたときにこの返答では、やる気・
興味がないと受け取られます。必ず何らかの意見は述べましょう。

× 「よくわかりません」「知りません」「やったことがありません」
ネガティブワードは、たとえ事実でも印象ダウンにつながります。
「存じておりませんでした」「勉強不足でお恥ずかしいのですが…」
など表現を工夫しましょう。

かしこまりました

正しい言葉
づかいで、
社会人としての
適性をアピール

（実例）就職活動

シーン
2

面接で
自己紹介をする

面接室のドアを開けた瞬間から、面接は始まっています。
特に最初の自己紹介は、その人の印象を大きく左右する
ポイント。美しい言葉づかいでアピールしましょう。

|| 受付で面接に来たことを告げる

✕ これはNG！　「あの、今日は面接に来たんですが…」

◯ 本日面接にうかがいました
◯◯と申します。

またば…　「本日◯時に採用面接のお約束をいただいております、◯◯と申します」

CHECK!　建物内に入る前に、コートを脱ぐ、濡れた傘をたたむ、携帯電話をマナーモードにする、
靴の汚れ、ネクタイの曲がり、髪の乱れを直すなど、身だしなみの最終確認をしましょう。

|| 担当者に取り次いでもらう

✕ これはNG！　「担当の◯◯さんはいますか？」

◯ ◯◯部の××様と
面談のお約束をいただいております。

またば…　「◯◯部××様をお願いできますでしょうか？」

CHECK!　受付では、訪問目的、担当者名、面談時間などを簡潔に伝えます。受付がない場合
は、近くにいる社員に「お忙しいところ申し訳ございませんが」と声をかけましょう。

|| 面接会場への入室

✕ これはNG！　「……」（無言でいきなり入室する）

◯ 失礼いたします。

CHECK!　声をかける前に、ドアを3回軽くノックしましょう。「どうぞお入りください」と言われた
ら、「失礼いたします」と言ってからドアを開けて入室します。返答が聞こえない場合
は再度ノックと声かけをし、「失礼いたします」とことわって入室しましょう。

敬語の基本

社内

社外・取引先

電話応対

就職活動

暮らし

メール・文章

特別付録

‖ 面接担当者へのあいさつ

✗ これはNG! 「どうも。今日はよろしくお願いします」

○ どうぞよろしくお願いいたします。

CHECK! 部屋のドアを閉めながらのあいさつは失礼です。ドアを閉め、一度立ち止まってからあいさつをしましょう。姿勢を正して面接官のほうを向き、はっきりとした声を意識します。「本日は貴重なお時間をいただき、ありがとうございます」と加えるとより丁寧です。

‖ 自己紹介をする

✗ これはNG! 「○○（名字）といいます」

○ ○○○○（フルネーム）と申します。

または… 「はじめまして。私は本日面接をお願いしております○○○○と申します」

CHECK! 相手の顔を見て、自分の名前をフルネームではっきりと名乗りましょう。履歴書などの提出書類がある場合は、「こちらの書類を持ってまいりました」と言って、担当者に渡します。

‖ 着席を勧められたら

✗ これはNG! 「あ、どうもすみません」

○ はい。ありがとうございます。 では失礼いたします。

CHECK! 「失礼いたします」のあとに一礼して着席します。着席したら背筋を伸ばします（背もたれは使わない）。かばんは椅子の横に置きます。男性は手を軽く握ってひざの上に、女性は両手を重ねてひざの上に置きます。女性は脚をきちんと閉じておきましょう。

マナーとコツ　入室の際、好感度が高いアピールポイント

面接官にとっては、入室の際の立ち居振る舞いと言葉づかいが、そのまま重要な第一印象になります。面接開始前から気を抜かず、次の点に注意して好感度をアップさせましょう。

入室したら
まず姿勢を
正しましょう

［面接時のポイント］

1) 背筋を伸ばし、姿勢を正して、笑顔ではっきりとあいさつする。
2) 入室後はドアを閉め、あいさつをしてから30度の角度でおじぎする。
3) 相手の顔をしっかり見て話す（面接官が複数の場合は、軽く全員を見回す）。

面接で質疑応答する

シーン 3

質問を想定して、どう答えるかある程度シミュレーションしておきましょう。「頭が真っ白になって何も話せなくなった」ということのないよう、心に余裕を持って臨みましょう。

相手から会社概要の説明を受けた

✕ これはNG！ 「ああ、そうなんですか…」

○ はい。承知いたしました。

または… 「承知いたしました。ありがとうございます」

CHECK! 「そうなんですか」「なるほどですね」などの言葉は、面接では不適切です。特に「なるほど」は、本来目上の人に使うべきではない言葉だということを覚えておきましょう。

志望動機を聞かれたら

✕ これはNG！ 「えーと、まず思ったのは…」

○ はい。御社に応募しました志望動機は…

CHECK! 質問には「えーと」や「えー」ではなく「はい」で受けましょう。また、いきなり答えを述べるのではなく、質問の内容を復唱してから話し始めることで、そのあいだに思考を整理できる上に、相手の言葉をしっかり受け止めているというアピールもできます。

勤務条件を提示されたら

✕ これはNG！ 「はい、了解です」

○ 承知いたしました。教えていただきありがとうございます。

CHECK! 「了解しました」という表現に尊敬の意味は含まれないので適していません。「承知いたしました」だけでなく、相手に対する感謝の気持ちを添えると印象もアップします。不明な点があれば、「ひとつ確認させていただいてもよろしいでしょうか？」と伝えましょう。

敬語の基本

社内

社外・訪問先

電話応対

就職活動

暮らし

メール・文書

特別付録

勤務希望日を聞かれたら

✕ これはNG! 「あの、土日はちょっと無理なんですが…」

○ 平日の午前9時から午後5時までを希望いたします。

または… 「平日の勤務を希望しておりますが、場合によっては土日の出勤も可能です」

CHECK! 勤務可能な曜日や時間を具体的に伝えましょう。「この日は無理」よりも、「この日が可能」といったポジティブな表現を心がけます。

これまでの職務経歴を聞かれたら

✕ これはNG! 「前は、営業を担当させていただいてました」

○ 前職では3年間、営業をしておりました。

前職では○○を
担当しまして…

アピールできる
スキルは
しっかり
伝えましょう

または… 「○○社では、3年間の営業経験がございます」

CHECK! かつて自分が所属していた会社に対して「〜させていただいておりました」は間違い敬語になります。「担当しておりました」「務めておりました」と伝えましょう。

趣味・特技を聞かれたら

✕ これはNG! 「趣味は友達と野球をすることですね」

○ 高校時代から野球部でしたので、今も友人たちと草野球を楽しんでいます。

CHECK! 「友達」という言葉はつい面接でも使ってしまいがちですが、「友人」と言いかえましょう。また、単に趣味を答えるだけでなく自分をアピールできるよう、内容にも工夫を。例えば、「高校時代から」で持続性を、「友人たち」で協調性をアピールすることができます。

休日の過ごし方を聞かれたら

✕ これはNG! 「休みですか？ 読書とか買い物とかしてます」

○ 読書をしたり、買い物や散歩に出かけたりなどして過ごしております。

または… 「部屋の掃除や洗濯、買い物など、平日にできない家事を行っております」

CHECK! 「〜とか」の多用は軽い印象を与えるので注意を。「など」と言いかえましょう。「〜しています」よりもさらに丁寧な「〜しております」を使うことで語尾も柔らかくなります。

|| 相手の企業の情報を忘れてしまった

× これはNG！ 「それはちょっと、わからないのですが…」

○ 申し訳ございません。
失念してしまいました。

CHECK！ 情報をうっかり忘れてしまっても、焦ってごまかしたりせず、素直に謝ることで好印象に転じることもあります。また、「御社のホームページで拝見していたのですが…」といった言葉をつけ加えることで、事前に企業情報を確認していたことをアピールできます。

|| 意図的に答えに窮する質問をされたら

× これはNG！ 「あの、その、えーと…」

○ 少々、考えをまとめるお時間を
いただけますか？

または… 「○○というご質問ととらえたのですが、よろしいでしょうか？」

CHECK！ すぐに答えなければと焦って的はずれな回答をするより、「○○の件ということで…」と、まずはひと呼吸置いて相手の意図をつかみ、落ち着いて適切な返答を考えましょう。

|| 答えるまでに間が空いてしまった

× これはNG！ 「……（沈黙）」

○ なかなか考えが
まとまらないのですが…

または… 「申し訳ございません。少々緊張しておりまして…」

CHECK！ 面接で長い沈黙が続くと、場の空気が悪いほうに流れてしまいます。緊張してしまったことを素直に伝えると、「ゆっくり考えていいですよ」などと言ってもらえます。

|| こちらから質問をしたい

× これはNG！ 「ちょっと聞きたいことがあるのですが…」

○ ご質問させていただいても
よろしいでしょうか？

または… 「○○の件について、もう少し詳しく教えてくださいませんか？」

CHECK！ 「ご」をつけない「質問させていただいても」でもOK。「質問」は自分の行為ですが、この場合は相手への尊敬も含まれているので「ご」をつけても間違いではありません。

敬語の基本

社内

社外・訪問先

電話応対

就職活動

暮らし

メール・文書

特別付録

|| 質問があるかと聞かれたら

✕ これはNG! 「特にありません」

◯ はい。○○部の仕事について、詳しく教えていただけますか?

CHECK! 質問はあるかと聞かれて「特にありません」では、「この会社に興味がありません」と答えているようなものです。意欲を伝えるためにも、具体的な質問を考えておきましょう。質問に答えてもらったら、「丁寧なご返答をありがとうございます」とお礼を忘れずに。

|| 「最後に何かありますか?」と言われたら

✕ これはNG! 「いえ、大丈夫です」

◯ お話を聞いて、御社で働きたいという気持ちがますます強くなりました。

または… 「ぜひ御社で頑張りたいと思います。どうぞよろしくお願いいたします」

CHECK! 面接官が重視するのは「この会社で働きたい」という熱意です。「面接後に入社したい気持ちが強まった」と気持ちを伝えることで、面接官に信頼感を与えることができます。

|| 退室するときのあいさつ

✕ これはNG! 「じゃあ、これで失礼します」

◯ 失礼いたします。

CHECK! 余裕があれば、お礼の言葉を言い添えましょう。「本日はお忙しいところ面接をしていただきまして、ありがとうございます。では、失礼いたします」とすると、より丁寧です。相手の顔を見て「失礼いたします」と言い、おじぎをしてから退室します。

マナーとコツ 面接官は、会話のココをチェックしている!

面接では返答内容と同時に、質問に対するあなたの態度や対応も見られています。つまり、社会人として恥ずかしくない言葉づかいやあいさつ、マナーができているか、面接に備えてしっかり準備をしてきたか、想定外の質問に対処できるかといった部分が重視されているのです。あえて答えにくい質問をするのも、質問の意図への理解力や対応力、きちんとした表現ができるかをチェックするためなので、冷静な対応をしましょう。

答えに困っても慌てずに対処を

シーン4

採用・不採用の連絡を受ける

採用の連絡を受けた際は、浮かれ過ぎずに落ち着いて応対を。残念ながら不採用となってしまったときも、先方への感謝の気持ちは丁寧に伝えるのがマナーです。

|| 人事担当者からの電話に出る

✕ これはNG! 「結果はどうでしょうか?」

◯ 先日はありがとうございました。

または… 「先日はお忙しいところ面接をしていただき、ありがとうございました」

CHECK! 担当者からいつ電話がかかってきても応対できるよう、普段から「はい、◯◯です」と礼儀正しく電話に出る習慣をつけておきましょう。まずは面接してもらったお礼を述べます。

|| 不在時に連絡があり、人事担当者に電話を折り返す

✕ これはNG! 「あの、さっき電話をもらったようなのですが……」

◯ 先ほどお電話をいただいたのですが、不在にしており申し訳ございませんでした。

CHECK! まず「恐れ入ります。◯◯大学の◯◯と申しますが、××様をお願いいたします」と、担当者への取り次ぎをお願いします。自分の携帯電話を連絡先にした場合は、非通知着信拒否設定の解除や留守番電話設定、呼び出し音が社会人として適切なのかの確認を。

|| 採用の連絡を受けたとき

✕ これはNG! 「本当ですか?　嬉しいです!」

◯ ありがとうございます。今後ともよろしくお願いいたします。

CHECK! 採用の連絡を受けたら、感謝と喜びの気持ちを込めて、明るい声で「ありがとうございます」とお礼を伝えましょう。「◯◯様にはいろいろとお世話になり、本当に感謝しております」「大変嬉しく思っております」などと言い添えることで、より好印象になります。

敬語の基本

社内

社外・訪問先

電話応対

就職活動

暮らし

メール・文章

特別付録

いつから出社できるか聞かれたとき

✕ これはNG！ 「そうですね。御社の希望日に合わせます」

○ 出社日については、御社の都合のよい お日にちでお願いいたします。

CHECK! 出社日に関しては、あいまいな表現は避けましょう。すぐに出社できない場合も、「1日も早く御社で働きたいのですが、現職の引き継ぎに1か月ほどかかりますので、○月○日以降でしたら、確実に出社できると存じます」とすると、心証がよくなります。

不採用の連絡を受けたとき

✕ これはNG！ 「そうですか……わかりました」

○ 承知いたしました。ご連絡いただき、 ありがとうございます。

または… 「承知いたしました。このたびは面接の機会をいただき、ありがとうございます」

CHECK! 「わかりました」ではなく、「承知いたしました」を使います。最後まで礼儀を忘れず、連絡してくれたことに対するお礼をきちんと述べましょう。

人事担当者からの電話を切る

✕ これはNG！ 「では、どうも失礼します」

○ お電話いただきありがとう ございました。失礼いたします。

または… 「お忙しいところありがとうございます。それでは失礼いたします」

CHECK! 「失礼いたします」だけでもよいですが、できればお礼の言葉を添えるとよいでしょう。相手が先に電話を切るのを確認してから、こちらの電話を切ります。

 採用の連絡を受けたら、お礼とプラスアルファのひと言を

電話などで採用の連絡を受けたら、まずはお礼を述べ、仕事への熱意を感じさせる言葉をプラスすると、より前向きな姿勢をアピールできます。

精一杯
頑張ります！

[お礼とプラスアルファのひと言実例]
「一生懸命頑張りますので、今後ともよろしくお願いいたします」
「早く仕事を覚えて、会社に貢献できるよう頑張ります」
「職務につきましてからも、精いっぱい頑張りたいと思います」
「今後ともご指導のほど、よろしくお願いいたします」

履歴書・エントリーシートでの表現のコツ

履歴書やエントリーシートでは、物事をわかりやすく正しく伝える文章力と、読む側への敬意や配慮を伝える「書く敬語」が求められます。会話調の表現にならないよう注意しながら、相手に失礼のない言葉で、具体的かつ個性をアピールする内容を心がけましょう。

✕ 学園祭では実行委員を務めたのですが、これがかなり大変でした。壁にぶつかったりもしましたけど、持ち前の粘り強さでなんとか開催にこぎつけました。私的には、この経験で予算管理とか組織運営の大切さとかを学べたと思います。
⇒文章が会話調な上に、内容が漠然としていてアピール力に欠ける。

○ 学園祭では実行委員を務め、イベントの企画運営を担当。機材のリース会社と粘り強い交渉を重ねて、30万円の予算でイベント会場の設営を実現させました。その際、リース会社の方の「予算の使い方こそビジネスの基本」という言葉に私はとても感銘を受け、予算管理の在り方を深く考えさせられました。

エントリーシート作成の注意点

1) 志望した会社に関する記述は、敬語表現を特にチェック

志望動機や希望する業務など、会社に関する内容を記述する際は、敬語として正しい表現になっているかをしっかりと確認しましょう。「私は、貴社の製品を以前からご愛顧しており」のように、相手よりも自分を高めてしまう言葉の間違いは、社会人としてマイナスイメージとなってしまいます。

2) 結論は最初に書き、そのあとに説明を！

人事担当者は、膨大な量のエントリーシートを読んでいます。最初から最後まで読み込まないと言いたいことが伝わらない文章では記憶に残りません。結論は最初に書き、そのあとに、なぜそのような結論や考えに至ったのかを説明していきます。

3) 自己中心的な文章に偏り過ぎない

人事担当者は、「この人は会社にどのような利益をもたらしてくれるか」という視点で判断します。「自分が成長できる」「グローバルな舞台に挑戦できる」など、自分本位の言葉を多用するのは避けましょう。また、「絶対に貴社のお役に立ってみせます」や「けっして後悔はさせません」など、根拠のない言い回しも避ける必要があります。

第 **6** 章

暮らしのお付き合いで使う 敬語のマナーとコツ

暮らしのお付き合いで使う 敬語と言葉づかいの基本
おさえておきたいポイントと心構え

|| POINT1

きちんとした大人になるには プライベートでも敬語を大切に

ビジネスシーンだけでなく、慶弔時や訪問・来訪時など、暮らしの中のさまざまなお付き合いの場面でも、敬語を使えるようにしておきましょう。友人同士ではフランクな会話もよいですが、目上の人に対してや改まった席では、正しい敬語と言葉づかいができるのがきちんとした大人です。TPOに合わせた言葉づかいを身につけておきましょう。

おはようございます

プライベートでも敬語は大切です

|| POINT2

お祝いやお悔やみの席では、 相手の気持ちを考えた言葉づかいを心がける

結婚式や葬儀などの慶弔時には、何よりも相手の気持ちを思いやり、優先させることが大切です。こうした場での不適切な言葉づかいは、自分が恥をかくだけでなく、相手を悲しませてしまいます。お祝いの席では心から祝福のメッセージを伝え、お悔やみの席では心から哀悼の意を表す。そのために必要なのが、相手を敬い、思いやりを示せる敬語です。

おめでとうございます
結婚式で

お悔やみ申し上げます
葬儀で

相手を思う気持ちを表現するのが敬語です

‖ POINT3

来客にはおもてなしの言葉を。訪問では謙遜の気持ちを忘れずに

自宅などに人を迎えるときは、「ようこそいらっしゃいました」という心からの歓迎の意を表しましょう。おもてなしの心で、相手を気づかい、美しい言葉づかいで接しましょう。逆にこちらから訪問するときは、あくまでも「お邪魔する」という謙遜の気持ちを忘れずに。お互いがそういった姿勢で接することで、心地よい関係を築くことができます。

[自宅への来客・訪問のマナー]

1) 来客への歓迎の気持ちは言葉で伝えよう
2) 訪問の際は、謙虚と感謝の姿勢を忘れずに
3) 親しい関係でも失礼のない言葉づかいを

ようこそお越しくださいました

来客にはおもてなしの言葉を

お邪魔します

訪問時には謙遜の言葉づかいを

‖ POINT4

相手を気づかうちょっとした言葉が、人間関係をスムーズにする

誰でも「自分を気にかけてくれている言葉」は嬉しいもの。「お加減はいかがですか?」「外は寒くありませんでしたか?」「お茶のおかわりはいかがですか?」など、相手を気づかう言葉を常に投げかけることでコミュニケーションはぐっとうまくいくようになります。こうした言葉の積み重ねが暮らしの付き合いではとても大切な意味をもちます。

お加減はいかがですか?

ありがとうございます

気にかけてくれていたんだ!うれしいな

人間関係がスムーズに

シーン **1**

結婚式に招待されたら

結婚式は新郎新婦の親族・友人・職場の上司や同僚など、多くの人が集う場です。お祝いの席にふさわしい大人の振る舞いで、新郎新婦を祝福しましょう。

|| 招待を受けるときの言葉

✕ これはNG! 「その日なら出席できます」

○ **このたびはおめでとうございます。喜んで出席させていただきます。**

または… 「ご招待いただきありがとうございます。喜んで出席させていただきます」

CHECK! まずは丁寧に祝福の言葉や招待のお礼を述べてから、出席の旨を伝えましょう。おめでたい話ですから、笑顔で接することも忘れずに。

|| 出席を辞退するときの言葉

✕ これはNG! 「ごめんなさい。その日は出席できません」

○ **申し訳ありません。やむを得ない事情があり、欠席させていただきます。**

CHECK! ほか、「あいにく長期の出張の予定がございまして、誠に残念でございますが欠席させていただきます」など。仕事の都合など、やむを得ない事情でない限り、はっきりした理由は書かないようにしましょう。祝福の言葉や招待へのお礼を添えることも忘れずに。

|| すぐに出欠を返答できないときの言葉

✕ これはNG! 「まだスケジュールがわからなくて、行けないかもしれません」

○ **まだはっきりした予定がわからないのですが、出席できるよう調整いたします。**

または… 「予定を調整いたしますが、やむを得ず欠席させていただくかもしれません」

CHECK! 欠席の可能性があっても、「できるだけ出席したい」という気持ちを表しましょう。返答は先延ばしにせず、「○日までにはお返事いたします」とできるだけ早く相手に伝えます。

受付でご祝儀を渡す

✕ これはNG! 「これお願いします」

○ 本日はおめでとうございます。こちらお祝いの気持ちです。

CHECK! 受付では、まずお祝いの言葉を述べましょう。ふくさから祝儀袋を取り出し、相手へ正面を向け「お祝いの気持ちです」と両手で差し出します。すでにご祝儀を渡してある場合は「お祝いは済んでおります」と言って記帳します。

新郎新婦に会ったときの言葉

✕ これはNG! 「おめでとう。今日は別人みたいに素敵だね」

○ おめでとうございます。○○さんのあまりの美しさに感動しております。

CHECK! ほか、「ご結婚おめでとうございます。おふたりのお幸せそうなお姿を拝見して、こちらまで幸せな気分にさせていただきました」など。新郎新婦に会ったら、手短かにお祝いの言葉を伝えましょう。新郎新婦は忙しいので、あまり長話にならないよう気をつけます。

控室などで親族に会ったときの言葉

✕ これはNG! 「結婚できて本当によかったですね」

○ 本日はおめでとうございます。お招きいただきありがとうございます。

または… 「本日はこのような素晴らしい席にお招きいただき、誠にありがとうございます」

CHECK! 面識がない場合は、「○○さんの友人の××と申します」と名乗りましょう。祝福の言葉や招待へのお礼を伝え、余裕があれば新郎新婦への褒め言葉をプラスします。

親族から「お世話になっております」と言われたら

✕ これはNG! 「いえいえ、どうもです」

○ こちらこそ、いつもお世話になっております。

または… 「こちらこそ、いつも○○さんには助けていただいております」

CHECK! 「とても素敵な結婚式(披露宴)ですね」や、「おふたりが本当にお幸せそうで、私も早く結婚したくなりました」などの言葉をプラスするとよいでしょう。

敬語の基本

社内

社外・取引先

電話応対

就職活動

暮らし

メール 文章

特別付録

席で隣り合わせた出席者にあいさつする

✕ これはNG！ 「どうも（会釈のみ）」

○ **はじめまして。私は新郎の同僚の〇〇と申します。**

CHECK! 知らない人と隣り合わせたときは、まずは自己紹介をしましょう。自己紹介をしておけば、その後の会話がはずみやすくなります。歓談時間になったら、「素敵な披露宴ですね」などと話しかけ、なごやかに会話を盛り上げましょう。

結婚式のスピーチ（はじめの言葉）

✕ これはNG！ 「みなさんこんにちは。〇〇という者です」

○ **ただいまご紹介にあずかりました、新郎友人の〇〇でございます。**

CHECK! 指名されてマイクの前へ進んだら、まずは自己紹介からはじめましょう。その後「〇〇さん、〇〇さん、ご結婚おめでとうございます」などとお祝いの言葉を述べ、新郎新婦の心あたたまるエピソードや長所などについて、明るいトーンで話しましょう。

結婚式のスピーチ（締めの言葉）

✕ これはNG！ 「以上で私からのスピーチを終わりにしたいと思います」

○ **本日は誠におめでとうございます。**

CHECK! お祝いのスピーチで、「終わる」「切れる」「戻る」などの忌み言葉を使うのは厳禁です。話を切り上げるときは「おふたりの末永き幸せをお祈り申し上げまして、私のあいさつとさせていただきます」といった、はなむけの言葉で締め、最後は丁寧におじぎをします。

会場を出るときに新郎新婦にかける言葉

✕ これはNG！ 「今日はありがとう。じゃあまたね！」

○ **本日はお招きいただきありがとうございます。お幸せに。**

または… 「本日はありがとうございます。とても素敵な披露宴でした」

CHECK! 新郎新婦だけでなく、両親・媒酌人にもしっかりあいさつしましょう。新郎新婦には「素敵な奥様（ご主人）ですね」などと言い添えるとよいでしょう。

さまざまなシーンでの忌み言葉

冠婚葬祭の場では、縁起の悪い「忌み言葉」を避けるのが伝統的なマナーです。特にスピーチやあいさつなどでは、これらの言葉を使わないよう気をつけましょう。

[冠婚葬祭での忌み言葉]

● **別れを連想する言葉（主に慶事）**

飽きる　失う　返す　帰る　切る　裂ける
捨てる　去る　とだえる　出る　逃げる
離れる　冷える　ほどける　戻る
破れる　別れる　割れる　終わる

言い回しを工夫して、上手に思いを伝えましょう

● **不吉な言葉（慶事・弔事）**

痛む　浮かばれない　衰える　悲しむ　嫌う　九（く「苦を連想」）　苦しむ　殺す　壊れる
最後　四（し「死」を連想）　死ぬ　倒れる　散る　とんでもない　泣く　冷える　滅びる
負ける　迷う　病む　破れる

● **再婚や不幸が重なることを連想する重ね言葉（慶事・弔事）**

返す返す　かさねがさね　重ねる　繰り返し　くれぐれも　しばしば　再三　再度
たびたび　なお　再び　ますます　またまた　皆々様

● **避けたほうがよい言葉の言い換え一覧**

家を出た → 自立した	四（し「死」を連想）→「よ（ん）」と読む　例：「○○さんとは、私がジュウヨンの頃から…」
生きていた頃 → ご生前、お元気な頃	実家に帰る → 帰省する
お骨折り → お力添え	死んだ → ご逝去された
終わる → お開きにする	スタートを切る → はじまる、出発する
鏡割り → 鏡開き	頼りない → やさしい
帰る → 中座する、失礼する	時は流れ → 時は経ち
（ケーキを）切る → ナイフを入れる	花が散る → 花が舞う
頑固 → 意志が強い	離れて暮らす → 遠くに暮らす
九（く「苦」を連想）→「ここの（つ）／きゅう」と読む　例：「○○さんとは、私がジュウキュウの頃から…」	無口 → 寡黙
最後に → 結びに	離婚した → 回り道をした

● **宗教によって変わる弔いの言葉**

弔事は宗教によって故人の弔い方が違い、使う言葉も変わってきます。一般的に、キリスト教では仏教用語である「冥福」「成仏」「供養」は、忌み言葉とされています。また、不祝儀袋に書く表書きも、仏式は「御霊前／御香典」、神式は「御玉串料／御榊料（おさかきりょう）」、キリスト教は「御花料」となります。葬儀（告別式など）の前後であれば、「御霊前」はどの宗教にも使えますので、迷ったときや宗教がわからない場合は「御霊前」としましょう。

シーン 2

お悔やみの
席での言葉

受付でのあいさつや遺族の方々へのあいさつなど、言葉づかいに配慮が必要です。突然の訃報に慌てないためにも、お悔やみの席での敬語を身につけておきましょう。

‖ 葬儀の受付でお香典を渡す

✗ これはNG! 「これお願いします」

○ 御霊前にお供えください。
（ご れい ぜん）

または… 「どうぞ、お納めください」

CHECK! 受付でふくさから不祝儀袋を取り出し、相手へ正面を向けて両手で差し出します。「このたびはご愁傷様でございます」などのお悔やみの言葉をプラスしてもよいでしょう。

‖ 遺族へのあいさつ（仏式・神式）

✗ これはNG! 「突然のことでびっくりしました」

○ このたびは心より
お悔やみ申し上げます。

または… 「このたびはご愁傷様でございます」
（しゅうしょう）

CHECK! ご遺族の悲しみを増長させないよう、慰めの言葉をかけるときはなるべく簡潔にすませます。ご遺族の気持ちを察し、ややトーンを落とした口調で心づかいを伝えましょう。

‖ 遺族へのあいさつ（キリスト教式）

✗ これはNG! 「ご冥福をお祈りいたします」

○ 安らかにお眠りくださいますよう
お祈り申し上げます。

CHECK! 仏式なら問題ない「ご冥福をお祈りいたします」という慰めの言葉かけですが、「死とは、神の元に召されること」と考えるキリスト教では、「冥福」「成仏」「仏様」「供養」などの仏教用語を使用するのは失礼になりますので避けるようにしましょう。

敬語の基本

社内

社外・取引先

電話応対

就職活動

暮らし

メール・文書

特別付録

急死されたときの遺族へのあいさつ

✕ これはNG! 「驚きました。ご病気だったのですか？」

○ このたびは突然のことで、なんと申し上げてよいか言葉もありません。

または… 「急なことで、さぞやお力を落とされていることと存じます」

CHECK! 急死の場合、遺族はより深い悲しみにくれているものです。葬儀で故人の死因を詮索するのは配慮に欠ける行為です。黙礼だけにとどめておいてもよいでしょう。

高齢で亡くなった方の遺族へのあいさつ

✕ これはNG! 「大往生でしたね」

○ これからも長生きしていただきたかったのに、残念でなりません。

または… 「ご長命とはいえ、誠に残念でなりません」

CHECK! 親族に向かって「大往生でしたね」と言うのは失礼です。使うとすれば、会葬者のお悔やみの言葉に対して、遺族側が謙遜を込めて「大往生でしたから…」と答える場合です。

遺族から故人との対面を勧められたら

✕ これはNG! 「はい、じゃあ…」

○ それでは、お別れさせていただきます。

CHECK! 対面したら静かに手を合わせ、故人の冥福を祈ります。声をかけるなら、「安らかないいお顔ですね」程度にとどめましょう。どうしても故人の顔を見るのに抵抗がある場合は、「お顔を見ると、悲しくなるので…」とお断りしてもよいでしょう。

マナーとコツ

上司や先輩に身内の不幸を報告する場合

身内に不幸があった場合は、忌引によって業務に影響が出るので、なるべく早く報告しましょう。報告は、「祖父が、昨日亡くなりました」などとします。直接的な表現の「死にました」や、身内を敬う表現の「お亡くなりになりました」などは不適切です。また、会社が弔電を送ったり、社員が葬儀に参列する場合もあるので、故人の名前と自分との続柄、喪主の名前、通夜や告別式の日時と場所、葬儀の形式なども伝えておきます。

祖父が亡くなりました

故人が目上の人間でも敬う表現の「お亡くなりになる」は使いません

シーン 3

病気の知人を見舞う

自分の気持ちを伝えるのではなく、相手の気持ちを第一に考え、失礼のない言葉を選びましょう。家族や他の入院患者への気づかいも忘れずに。

‖ お見舞いが可能かを確認する

✕ これはNG！ 「お見舞いに行きたいんですが、どうすればいいですか？」

◯ お見舞いにうかがいたいのですが、よろしいでしょうか？

CHECK! 家族に連絡し、お見舞いが可能かを確認します。病気の様子をたずね、病院の面会時間を確認しましょう。入院直後は避け、病状が落ち着いてからうかがいます。なるべく入院中の姿を見られたくないという場合もありますから、事前に連絡するとよいでしょう。

‖ 病室に入る

✕ これはNG！ 「どうもこんにちは」

◯ 失礼します。

こんにちはー！

大勢でのお見舞いは避けましょう

または… 「お邪魔いたします」

CHECK! ノックをし、声をかけてから入室します。大人数でのお見舞いは避け、多くても2、3人にとどめます。眠っている場合は無理に起こさず、お見舞い品を預けて引き上げます。

‖ 相手に言葉をかける

✕ これはNG！ 「いったいどういう病気なんですか？」

◯ お加減はいかがですか？

または… 「お体の具合は、いかがでしょうか？」

CHECK! 具合をたずねる程度にとどめ、病状を根掘り葉掘り聞くのはやめましょう。また、「〇〇したほうがよい」といった治療のアドバイスや意見は、不用意に口にしてはいけません。

敬語の基本

社内

社外・訪問先

電話応対

就職活動

暮らし

メール・文章

特別付録

|| 快復傾向の相手への言葉

✕ これはNG! 「頑張ってくださいね」

◯ お元気そうで安心いたしました。

または… 「お顔の色がいいようで、安心しました」

CHECK! たとえ快復傾向の相手であっても、「頑張って」や「大丈夫」などの安易な励ましや、「仕事が大変なことになっている」などのプレッシャーになるような表現は避けましょう。

|| 闘病中の相手への言葉

✕ これはNG! 「ずいぶんお痩せになられましたが、大丈夫ですか?」

◯ 皆、◯◯さんのお帰りを心からお待ちしております。

または… 「この機会に十分ご静養なさってください」

CHECK! 「顔色がよくない」や「痩せた」など、相手が不安になるような表現は禁句。「復帰を待ちわびている」「あなたがいなくて寂しい」といった気持ちを伝えましょう。

|| 看病している家族への言葉

✕ これはNG! 「大変そうですね」

◯ ご看病のお疲れが出ませんよう、どうぞお体にお気をつけください。

または… 「ご看病、お疲れ様でございます。どうぞ大切になさってください」

CHECK! 家族に対するねぎらいの言葉は、病室の外でかけましょう。「お手伝いできることがあれば、なんなりとおっしゃってください」といった言葉をプラスしてもよいでしょう。

|| 辞去するときのあいさつ

✕ これはNG! 「そろそろ帰ります」

◯ どうぞお大事になさってください。

CHECK! 辞去するときは、相手の体調を気づかうひと言を伝えましょう。相手に無理をさせないよう、お見舞いは15〜30分程度で切り上げるようにします。相部屋の場合は、同室の人にも気づかいを。さりげなく「お大事に」や「失礼します」と声をかけて退室しましょう。

シーン 4

自宅に招待する

自宅にお越しいただいたお客様には、楽しく、くつろいだ時間を過ごしてもらいたいもの。おもてなしの心を言葉にして、歓迎の気持ちを表しましょう。

‖ 来客を家に迎える

✗ これはNG！「どうぞどうぞ」

○ ようこそいらっしゃいました。

または…「いらっしゃいませ。どうぞお入りください」

CHECK!「お寒い中、お越しいただきありがとうございます」など、相手を気づかう言葉をプラスするとよいでしょう。脱いだコートは預かり、帰りの際に渡します。

‖ 手土産をもらったら

✗ これはNG！「そんな、困ります」

○ ご丁寧にありがとうございます。

または…「お気づかいいただきまして恐縮です」

CHECK! 過度な遠慮をするより、喜びを表したほうが好印象です。生菓子などは「おいしそうでしたので、いただいてよろしいですか?」と断ってから一緒にいただきましょう。

‖ 飲み物をたずねる

✗ これはNG！「何か飲みますか?」

○ 緑茶、コーヒーはいかがでございますか?

または…「緑茶かコーヒーをお持ちいたします。どちらがよろしいですか?」

CHECK!「何か飲みますか?」という聞き方では、相手は「結構です」と遠慮してしまうかもしれません。緑茶、コーヒー、紅茶など具体的に提案して、相手に選んでもらいましょう。

敬語の基本

社内

社外・訪問先

電話応対

就職活動

暮らし

メール・文章

特別付録

|| 夕食に誘う

✕ これはNG! 「そろそろ夕食の時間ですが、どうしますか?」

○ もしお時間がおありでしたら、夕食をご一緒にいかがですか?

または… 「お食事を用意しましたので、どうぞ召し上がってください」

CHECK! 「どうしますか?」などと聞くと、帰宅を促しているように聞こえてしまいます。「ぜひ一緒に食事をしたい」という気持ちを込めて誘いましょう。

|| 食べ物を勧める

✕ これはNG! 「ぜひ食べてくださいね」

○ どうぞ、お上がりください。

または… 「よろしければ、召し上がってください」

CHECK! 「食べる」は尊敬語の「上がる」「召し上がる」を使います。相手が遠慮しているようなら「冷めないうちにどうぞ」など、促す言葉をかけます。好き嫌いを確認するのも大事です。

|| 来客を見送る

✕ これはNG! 「じゃあまたね」

○ ぜひ、またいらしてください。

または… 「本日はおいでいただき、ありがとうございます」

CHECK! 玄関先まで出て、相手の姿が見えなくなるまで見送りましょう。「お気をつけてお帰りください」など、相手を気づかう言葉も忘れずに。

身だしなみと心づかいの言葉

来客に気持ちよく過ごしてもらうためには、心づかいの言葉だけでなく、身だしなみへの配慮も大切です。どんなに心を込めて「いらっしゃいませ」と迎えても、乱れた髪に部屋着のようなラフな格好では、相手はくつろぐことができません。来客を迎える前に、全身が映せる鏡で髪型や服装などをチェックして歓迎の気持ちを表しましょう。こうした身だしなみのマナーは、職場や改まった場でも同様です。

ようこそいらっしゃいました

言葉づかいだけでなく、
清潔な身だしなみも
心づかいのひとつです

141

シーン 5

相手の家に訪問する

招いてもらったことに対する感謝の気持ちを忘れずに。
楽しく過ごすのはよいですが、節度を欠いた失礼な態度
にならないよう注意しましょう。

相手の家に訪問するとき

✕ これはNG！　「どうもどうも！」

○ **本日はお招きいただき
ありがとうございます。**

または…　「お忙しいところお時間をいただきまして、ありがとうございます」

CHECK!　玄関であいさつをし、「どうぞお入りください」と言われてから「では失礼いたします」と
上がります。日本では、あらかじめコートを脱いでから訪問するのが一般的です。

アポなしで訪問したとき

✕ これはNG！　「急にすみません」

○ **お約束もせずまいりまして、
申し訳ありません。**

または…　「近くまでまいりましたものですから、ごあいさつだけでもと思いまして」

CHECK!　親しい間柄でも先に連絡するのがマナー。突然の訪問は相手の負担にもなるので、まず
お詫びを告げます。「お上がりください」と言われなければ、玄関先で失礼する心づもりで。

訪問先の家族にあいさつする

✕ これはNG！　「こんにちは」

○ **こんにちは。お邪魔しております。**

または…　「はじめまして。○○さんの友人の××と申します」

CHECK!　家族に会ったら会釈だけでなく、笑顔であいさつしましょう。家族と面識がない場合
は、きちんと自己紹介をしましょう。

敬語の基本

社内

社外・訪問先

電話応対

就職活動

暮らし

メール・文章

特別付録

‖ 手土産を渡す

✕ これはNG! 「これ、よかったらどうぞ」

◯ 気持ちばかりのものですが、どうぞ召し上がってください。

または… 「ほんの気持ちですが、みなさんで召し上がってください」

CHECK! 2000円〜3000円程度のお菓子で、日持ちするものが一般的です。訪問先の近所で購入すると、近くで間に合わせたという印象を与えてしまうので注意しましょう。

‖ お茶を出してもらった

✕ これはNG! 「私は大丈夫ですから」

◯ お気づかいありがとうございます。

または… 「恐れ入ります。どうぞお気づかいなく」

CHECK! 「気をつかわないでくださいね」という意味の「おかまいなく」「お気づかいなく」を使ってもよいでしょう。「いただきます」「ごちそうさまでした」の言葉も忘れずに。

「つまらないものですが」は使い方に注意!

手土産を渡す際に「つまらないものですが」という言葉を使うことがありますが、これは、「私が差し上げるものなど、あなたにとってはありきたりでつまらないものかもしれませんが」という「へりくだり」の意味。謙虚な日本人らしい、昔ながらの表現ですが、最近では「つまらないものなら相手に渡すのは失礼ではないか」という考え方をする人も増えています。相手の年齢や間柄を考慮して使い分けるとよいでしょう。また、手土産を入れた紙袋は風呂敷と同様の扱いなので、渡すときは袋から出し、たたんで持ち帰るのが本来のマナー。ですが最近はおしゃれで美しい紙袋も増えているので、紙袋のまま渡すほうが喜ばれることもあります。言葉づかい同様、臨機応変に振る舞いましょう。

［手土産を渡す際の
ポジティブな表現と言葉づかい］

「お好きだとうかがいましたので」

「お口に合うとよいのですが」

「おいしいと評判ですので」

「日頃の感謝の気持ちです」

「ほんのお礼の気持ちでございます」

おしゃれな紙袋なら
そのまま渡すと
喜ばれることも

相手や状況に応じて
使い分けましょう。

143

‖ 夕食に誘われたら

✕ これはNG! 「いいんですか？　じゃあ食べていきます」

**◯ よろしいのですか？ それでは
お言葉に甘えさせていただきます。**

または… 「よろしいのでしょうか？　それではありがたくごちそうになります」

CHECK! 社交辞令ではなく、相手がすでに食事を用意してくれているようであれば、遠慮せずに好意に甘えましょう。会話をしながら、なごやかに楽しくいただきましょう。

‖ 食事を断るときの言葉

✕ これはNG! 「いえ、結構です」

**◯ 誠に残念ですが、
あまり時間がございませんので…**

または… 「あいにく食事を済ませてきたばかりですので」

CHECK! 「本当はご一緒したいのですが」という気持ちを込めてお断りします。また「お気づかいなく」や「おかまいなく」では、はっきりしたメッセージにならないので注意しましょう。

‖ 食事を勧められたら

✕ これはNG! 「じゃ、遠慮なく」

◯ では、遠慮なくいただきます。

または… 「とてもおいしそうですね。いただきます」

CHECK! 手料理の場合は「とてもおいしいです」「味付けはどうされているのですか?」など、味を褒める言葉を伝えましょう。

‖ お手洗いを借りる

✕ これはNG! 「トイレはどこですか?」

**◯ お手洗いをお借りしても
よろしいでしょうか？**

または… 「恐れ入りますが、洗面所をお借りしたいのですが」

CHECK! 「トイレ」ではなく「お手洗い」や「お化粧室（女性）」などと表現します。場所を知っている場合でも、勝手に席を立って向かうのは失礼です。ひと言断りを入れましょう。

‖ 帰るタイミングの切り出し方

✕ これはNG！ 「そろそろ帰らせていただきます」

○ もうこんな時間ですね。そろそろおいとまいたします。

または… 「すっかり長居をしてしまいまして、申し訳ございません」

CHECK！ 「楽しくて、つい時間を忘れてしまいました」「こちらをいただいたら失礼いたします」なども好印象です。「名残り惜しいけれど」という気持ちを込めて切り出しましょう。

‖ 辞去するときのあいさつ

✕ これはNG！ 「さようなら」

○ 本日はおもてなしにあずかりまして、ありがとうございます。

または… 「すっかりごちそうになりまして、ありがとうございます」

CHECK！ 感謝の気持ちを込めてもてなしへのお礼を述べてから、「では、失礼いたします」と言って辞去します。楽しかったことを伝えるのもよいでしょう。

マナーとコツ　自然な聞き方で、手土産やお見舞い品を事前にリサーチ

手土産は、インテリアなどの好みが分かれる物は相手の迷惑になることもあるので、お菓子やお酒などが無難です。あらかじめ共通の知人などに好みを聞いたり、相手との一般的な会話の中でさりげなくリサーチしておくとよいでしょう。お見舞い品の場合、病状によっては食事制限があるので、事前に家族に確認します。一般的には花のアレンジメント（鉢植えや匂いの強い花は避けます）、タオルなどの実用品、退屈しのぎになる雑誌やマンガなどを選ぶとよいでしょう。

[相手の好みを聞き出すフレーズ]

「普段、どんなものを召し上がりますか？」

「甘いものはお好きですか？」

「和菓子と洋菓子、どちらがお好きですか？」

「どのようなお酒がお好みなんでしょうか？」

「いま評判の○○はご存知ですか？」

「どのようなジャンルの本がお好きですか？」

「最近はどのような本を読まれましたか？」

普段の会話からでも相手の好みはリサーチできます。

シーン6
日常での
さまざまなあいさつ

日常生活でのあいさつは、相手との大切なコミュニケーションです。きちんとあいさつできると印象がぐんとよくなり、人間関係も円滑になります。

日中のあいさつ

✕ これはNG! 「どうも」

> おはようございます

○ こんにちは。

相手の顔を見て
笑顔であいさつを

または… 「○○さん、こんにちは」

CHECK! 一般的には、午前10時半くらいまでが「おはようございます」、午前10時〜11時から日没（午後5時〜6時くらい）までが「こんにちは」、以降は「こんばんは」とします。

別れのあいさつ

✕ これはNG! 「じゃあ、またね」

○ それでは、失礼いたします。

または… 「失礼いたします。またお目にかかれる日を楽しみにしております」

CHECK! 「さようなら」「またね」よりも、敬語の「失礼いたします」を使いましょう。「またお目にかかれる日を楽しみにしております」など、再会への期待を込めるとより好印象です。

帰宅途中の人と別れる場合

✕ これはNG! 「じゃあ、気をつけて」

○ お気をつけてお帰りくださいませ。

または… 「道中、気をつけてお帰りください」

CHECK! 無事に帰れるよう、相手への気づかいを表しましょう。「奥様（ご家族の皆様）にもよろしくお伝えください」などをプラスしてもよいでしょう。

敬語の基本

社内

社外・訪問先

慣用応対

就職活動

暮らし

メール・文書

特別付録

知人との久しぶりの再会

✗ これはNG! 「久しぶり！」

○ ご無沙汰しております。 お元気でいらっしゃいましたか?

または… 「お久しぶりです。お元気でしたか?」

CHECK! 友人や部下・同僚などには「お久しぶりです」、目上の人には「ご無沙汰しております」 を使うとよいでしょう。

久しぶりに会った知人に調子をたずねる

✗ これはNG! 「最近どうしていましたか?」

○ お変わりありませんか?

CHECK! 「お変わりありませんか?」は「何か変化はありましたか?」という意味にもなります。 報告することがあれば「実は子どもが生まれまして…」、特に何もなければ「おかげ様で、 つつがなく暮らしております」など、相手が返答しやすい問いかけになります。

身内の知人と出会ったときのあいさつ

✗ これはNG! 「いつもお世話になっております」

○ こんにちは。○○がいつもお世話に なっております。

または… 「○○の兄の××です。○○がいつもお世話になっております」

CHECK! あまり面識のない場合などは、相手が自分のことを覚えていない場合もあります。「○ ○の兄の××です」など、関係性がわかる言葉をつけ加えると、会話がスムーズです。

初対面の人へのあいさつ

✗ これはNG! 「よろしくお願いします。○○です」

○ はじめまして。○○と申します。

または… 「はじめてお目にかかります。○○と申します」

CHECK! 自己紹介をしてから、「どうぞよろしくお願いいたします」と続けるとよいでしょう。初対 面の印象は大切ですから、相手の目を見て、笑顔であいさつします。

ものをたずねる、たずねられる

通りすがりの人に対しても、常に礼儀正しい態度で接しましょう。相手に自分の言葉が正しく伝わるよう、わかりやすい表現を心がけます。

‖ 声をかける

✕ これはNG！「あの、ちょっとすみません」

○ 少々うかがってもよろしいでしょうか？

または…「恐れ入ります。少々おたずねしたいのですが…」

CHECK! 通りすがりの人に声をかけるときは、「失礼ですが」や「恐れ入りますが」などの言葉をかけてから本題に入ると、やわらかく、丁寧な印象になります。

‖ 場所をたずねる

✕ これはNG！「○○の場所、わかりますか？」

○ ○○はどちらか、ご存じですか？

または…「○○はどちらでしょうか？」

CHECK! 「どちら」「ご存じですか？」などの言葉を使うと丁寧な印象です。道順を確認するときは「○○駅へ行くにはこちらの道で合っていますでしょうか？」などとたずねましょう。

‖ 教えてもらったお礼を伝える

✕ これはNG！「どうもすみませんでした」

○ ありがとうございます。おかげ様で助かりました。

または…「ありがとうございます。おかげ様でよくわかりました」

CHECK! お礼を伝えるときは、「すみません」ではなく「ありがとうございます」を使いましょう。感謝の意を表す「おかげ様で」を使うとより丁寧です。

敬語の基本

社内

社外・訪問先

電話応対

就職活動

暮らし

メール・文章

特別付録

声をかけられた

✕ これはNG！ 「何かご用ですか？」

○ はい。いかがなさいましたか？

CHECK! 「何かご用ですか？」では、場合によってはいやいや応じているように聞こえてしまいます。質問の意図がよくわからなかった場合は、「もう一度おっしゃってくださいますか？」「○○ということでしょうか？」などと聞き返しましょう。

道順を教える

✕ これはNG！ 「あの信号を左折して、少し歩いたところですよ」

○ 次の信号を左に曲がりまして、5分ほど歩いたところにございます。

CHECK! 「あの」「あそこの」「少し」といった、あいまいな言葉はできるだけ避けましょう。信号がない場合、「郵便局のある交差点」など、目印を説明しましょう。歩く距離も「○分ほど」「○メートルほど」と説明すると、わかりやすくなります。

道をたずねられたがわからない

✕ これはNG！ 「ちょっとわからないですね」

○ お役に立てず申し訳ございませんが、わかりかねます。

または… 「申し訳ありませんが、この辺りは詳しくないもので…」

CHECK! 「わかりかねます」「存じません」「不案内なもので」などを使いましょう。「この辺りは詳しくないので」「地元ではないので」などと理由を言い添えると、角が立ちません。

声をかけられたが急いでいる

✕ これはNG！ 「急ぎなのでちょっと無理です」

○ 急いでおりますので、失礼します。

または… 「申し訳ありませんが、急いでおりますので…」

CHECK! 「おります」という謙譲語を使うことで、丁寧な印象になります。「申し訳ありません」「ごめんなさいね」などをプラスしてもよいでしょう。

実例 暮らし

シーン
8

気をつかう、
気づかいを受ける

他人に対する親切や気づかいは、大人としてのマナーです。美しい言葉づかいでやりとりできれば、お互いに気持ちのよいコミュニケーションになります。

‖ 電車やバスなどで席を譲る

✗ これはNG! 「ここにお座りになりませんか?」

◯ どうぞおかけください。

または… 「こちらにおかけになりませんか?」

CHECK! 「お座りください」ではなく「おかけください」が正しい敬語です。お元気そうなお年寄りの場合は「おかけになりませんか?」と疑問形でたずねてみるとよいでしょう。

‖ 困っている人に声をかける

✗ これはNG! 「どういたしましたか?」

◯ いかがなさいましたか?

または… 「どうなさいましたか?」

CHECK! この場合は相手が主語になる動詞ですから、謙譲語の「いたす」は間違いです。尊敬語の「なさる」を使いましょう。

‖ 急いでいる人に順番を譲る

✗ これはNG! 「先に行きますか?」

◯ お先にどうぞ。

または… 「よろしければお先にどうぞ」

CHECK! 混んだレジなどで、自分に時間の余裕があるときは、急いでいる人に順番を譲りましょう。「急ぎませんので」などと笑顔で言い添えれば、相手も好意に応えやすくなります。

敬語の基本

社内

社外・訪問先

電話応対

就職活動

暮らし

メール・文書

特別付録

‖ 前を歩く人が落とし物をした

✕ これはNG! 「あ、落ちましたよ」

◯ こちら、落とされましたよ。

CHECK! 前を歩く人が落とし物をしたら、急いで拾って追いかけましょう。いきなり背中を叩くと驚かれるので、その人の前に回りこんでから声をかけます。両手で渡すとさらに好印象です。落とし主かはっきりしない場合は、「こちら落とされませんでした?」と聞きます。

‖ ドアを開けてもらった

✕ これはNG! 「どうもすみません」

◯ 恐れ入ります。

または… 「ご親切にありがとうございます」

CHECK! ドアを開けたときすぐ後ろに人がいる場合は、ドアを押さえたまま先に通すのがマナー。自分が逆の立場になったときも、ドアを開けておく気づかいを忘れずに。

‖ 相手からの申し出を断る

✕ これはNG! 「いいえ、結構です」

◯ ありがとうございます。お気づかいなく。

または… 「お気持ちだけありがたく頂戴いたします」

CHECK! 「結構です」「いいです」などは、相手の厚意を拒否しているようで、冷たく感じられます。相手の気づかいに感謝した上で、やわらかい言葉と笑顔で丁寧にお断りしましょう。

新幹線などの自由席に座るときのひと言

新幹線や長距離バスなど、乗車時間の長い乗り物に乗るときは、乗客同士が気持ちよく過ごせるよう、気づかいや配慮が大切です。

[乗車時の気づかいフレーズ]
- **自由席に座るとき** ⇒（空席の隣の人に）「こちらの席、よろしいですか?」
- **リクライニングシートを倒すとき**⇒
  （後ろの席の人に）「失礼します」「シートを倒してもよろしいですか?」
- **席を立つとき**⇒（隣の席の人に）「前を失礼します」

自由席だからといって、
無言で人を押しのけて座るのは失礼です

151

シーン9 誘う、誘われる

誘い上手、誘われ上手になるためには、常に相手を尊重する話し方をしましょう。言葉の選び方ひとつで、驚くほど印象が変わります。

‖ 相手の日程を聞く

✕ これはNG！ 「○日はお暇ですか？」

◯ ○日のご都合はいかがですか？

または… 「○日はお忙しいですか？」

CHECK！ 相手の予定を聞くときは、「ご都合はいかがですか？」とやわらかく問いかけましょう。「お暇ですか？」は失礼だと感じられる場合があるので、注意しましょう。

‖ 相手をイベントに誘う

✕ これはNG！ 「よかったら○○に行かない？」

◯ よろしければ、○○にご一緒にいかがですか？

または… 「よろしければ、○○にご一緒しませんか？」

CHECK！ 「ご一緒にいかがですか？」は覚えておきたいフレーズです。「○○に行きませんか？」よりも、丁寧な印象になります。

‖ 待ち合わせの時間と場所を決める

✕ これはNG！ 「じゃあ、○時に駅でね」

◯ では、午後○時に○○駅の××改札前でお待ちしております。

CHECK！ 待ち合わせ場所は、駅やデパートといったあいまいな言い方は避けましょう、相手が迷わないよう、できるだけピンポイントの場所を指定します。待ち合わせ場所には先に自分が着くよう、余裕をもって出かけましょう。

敬語の基本

社内

社外・訪問先

電話応対

就職活動

暮らし

メール・文書

特別付録

|| 相手の都合が合わなかった場合

✕ これはNG！ 「それならしかたないですね」

◯ 残念ですが、また次の機会にお願いします。

CHECK! 「次の機会」というポジティブな表現を使いましょう。相手が心苦しそうな様子であれば「お忙しいのは承知の上でしたので、どうぞお気になさらないでください」「こちらこそ無理を申し上げまして、失礼いたしました」などと言い添えます。

|| 空いている日時を聞く場合

✕ これはNG！ 「いつなら空いていますか？」

◯ ご都合のよい日を教えていただけますでしょうか？

または… 「ご都合に合わせますので、お日にちをご指定ください」

CHECK! 「空いていますか？」は「お暇ですか？」と同様、失礼に聞こえる場合があります。「都合のよい日」という表現を使うようにしましょう。

|| 予定を聞かれた

✕ これはNG！ 「その日なら行けますよ」

◯ そちらの日でしたら空いております。

CHECK! 自分の予定を答えるときは「空いております」を使いましょう。「その日なら都合がつきます」や「なんとか調整できます」などの言い方だと、「忙しいけれど、無理やり時間をつくります」という印象を与えてしまうので不適切です。

|| 誘いを受けた

✕ これはNG！ 「行けますよ」

◯ ぜひご一緒させていただきます。

または… 「ありがとうございます。喜んでお供させていただきます」

CHECK! 友人や知人など、対等な関係の場合は「ご一緒する」という丁寧語を使います。上司や先生など、目上の人の場合は「お供する」という謙譲語を使いましょう。

|| 自分の都合が合わなかった場合

✕ これはNG! 「ちょっと用事があるので…」

○ 大変残念ですが、どうしても はずせない用事がございまして…

または… 「せっかくですが、どうしても都合がつきそうにありません」

CHECK! 「ぜひまた誘っていだだけますか?」「次回はぜひご一緒させていただきます」など、「本当は行きたかった」という気持ちを表す言葉をプラスすると好印象です。

―――――――

|| 特定の日時なら空いていることを伝える場合

✕ これはNG! 「○日の午後なら大丈夫です」

○ ○日の午後はいかがでしょうか?

CHECK! 「大丈夫」はフランクな表現です。相手が目上の人の場合、できるだけ別の言葉で言い換えましょう。自分が日時を指定する場合、「いかがでしょうか?」と問いかけると、やわらかく丁寧な印象になります。

―――――――

|| 予定が見えず、すぐに返答できない場合

✕ これはNG! 「わかったら連絡します」

○ 改めてお返事いたします。

または… 「予定を確認しまして、のちほどご連絡いたします」

CHECK! 「すぐにお返事ができず、申し訳ありません」などの言葉を忘れずに。返答を保留した場合はできるだけ早く連絡するのがマナーです。

―――――――

|| 誘ってもらったお礼を言う

✕ これはNG! 「じゃあその日にね」

○ ありがとうございます。 楽しみにしております。

または… 「お誘いいただきましてありがとうございます」

CHECK! 誘ってくれたことに対する感謝と、約束の日を楽しみにしていることを伝えましょう。やむを得ず断った場合でも、誘いに対するお礼を忘れずに。

親しき仲にも礼儀あり！ 誘う、誘いを受けるときのマナー

気心の知れた親しい間柄の人たちでも、良好な人間関係を維持するための礼儀やマナーは必要です。自分から誘うときは、まずその相手の立場になって考え、無理なプレッシャーをかけないよう注意しましょう。また、食事やイベントなどにせっかく誘ってもらっても、自分の都合ばかりを主張していては、物事がスムーズに進みません。参加する・しないにかかわらず、相手の厚意に感謝の気持ちを伝え、次回も声をかけてもらえるような応対を心がけましょう。

[誘うときのマナー]

●相手の好みを無視した誘い方をしない
× 「明日の○時に、××料理のお店に行こうよ」
○ 「××料理のおいしいお店があるのですが、いかがですか?」

●自分の都合を強制しない
× 「約束した映画、○日の○時の回にしてもらえる?」
○ 「約束した映画、○日の○時の回にしてもらえると嬉しいです」

●相手から断られても、責めるような口調にならない
× 「○○さん、行きたいって言いましたよね?」
○ 「○○さんと一緒に行ければよかったのですが、残念です」

[誘われたときのマナー]

●あいまいな返答や長期の保留をしない
× 「うーん…どうしようかな…」
× 「当日にならないと、わからないです」
○ 「○日までに、こちらからご連絡します」

●参加が難しくなったら、すぐに連絡する
× 「今日の午後ですが、やっぱり行けません」
○ 「○日の約束ですが、参加が難しくなってしまいました」

●相手にまかせきりにせず、協力を申し出る
× 「じゃあ、決まったら詳細を連絡ください」
○ 「何か私にお手伝いできることはありませんか?」

●誘ってくれた相手を不快にする言い方は避ける
× 「その映画は別に観たくないな」
○ 「ほかの上映作品もおもしろそうですね」
× 「そこはもう何度も行ってるから」
○ 「実は、つい先日行ったばかりで…」

感謝の気持ちを伝えれば、
次の機会にも恵まれます

正直に伝えることが
ベストな返答とは限りません

シーン 10
ご近所との
お付き合い

同じ地域に暮らす者同士、いざというときに助け合える
関係を築けるよう、気持ちのよいあいさつとコミュニケー
ションを心がけましょう。

玄関先で会ったら

✕ これはNG!　「どうも」

○ こんにちは。
いつもお世話になっております。

または…　「おはようございます。よいお天気ですね」

CHECK!　基本のあいさつにひと言加えると好印象です。相手が忙しそうなときは、簡単なあい
さつや会釈で済ませましょう。気づかないふりをするのは感じがよくありません。

当番を代わってもらう

✕ これはNG!　「すみませんが、代わってもらえますか?」

○ ご迷惑とは存じますが、
代わっていただけませんでしょうか?

または…　「代わっていただけるとありがたいのですが、お願いできますでしょうか?」

CHECK!　「勝手を申しまして恐縮ですが」や「ご無理なお願いで申し訳ございませんが」と謙虚
な姿勢で。可能であれば、当番を受けられない事情も説明しておきましょう。

初対面の人へのあいさつ

✕ これはNG!　「○○です。どうぞよろしく」

○ ○○と申します。
どうぞよろしくお願いいたします。

または…　「今後ともよろしくお願いいたします」

CHECK!　プライベートな場面での自己紹介も丁寧に。自分が引っ越してきた場合は「わからな
いことも多いので、いろいろ教えてください」といった言葉を加えると好印象です。

ご近所に迷惑をかけてしまった

✕ これはNG！ 「どうもすみません」

◯ ご迷惑をおかけして、 申し訳ございませんでした。

または… 「私どもの不注意でご迷惑をおかけしました。大変申し訳ございません」

CHECK! 騒音が気になったときは、「昨夜はお騒がせして申し訳ございませんでした」などと謝ります。多大な迷惑をかけてしまったときは、菓子折りなどを持参して謝罪しましょう。

ルールや情報を教えてもらった

✕ これはNG！ 「いろいろすみませんでした」

◯ お教えいただき、 ありがとうございます。

または… 「ご親切にご指導いただきまして、ありがとうございます」

CHECK! 「おかげさまで助かりました」「本当にお世話になりました」など、「あなたに教えてもらえてよかった」というニュアンスの言葉をプラスするとよいでしょう。

 マナーとコツ 引っ越しのあいさつ（転居時、入居時）

引っ越しの際は、それまで住んでいた家と新居の両方のご近所の方にあいさつをしましょう。搬出や搬入で出入りも騒がしくなるので、お詫びも兼ねてタオルやお菓子などをお渡しするとよいでしょう。

[転居時、入居時のあいさつ]

●転居時のご近所へのあいさつ

✕ 「引っ越すことにしましたので、一応、お礼をと思って…」

◯ 「このたび○○へ引っ越すこととなりました。これまでいろいろお世話になりました。こちら（品物を渡しながら）お礼の気持ちです。お元気でお過ごしください」

●入居時のご近所へのあいさつ

✕ 「どうも。隣に引っ越してきた○○です」

◯ 「お隣に引っ越してまいりました、○○と申します。こちら（品物を渡しながら）お近づきのしるしです。どうぞよろしくお願いいたします」

入居時の近隣へのあいさつは、今後の良好な関係を築く絶好の機会です。逆に、あいさつがないと「マナーがなってない」と心証を悪くする人も。家具などの搬入が落ち着いたところで、なるべくその日のうちにあいさつをするようにしましょう。

節目のあいさつだからこそ、
より丁寧に印象よく伝えましょう

敬語の基本

社内

社外・訪問先

電話応対

就職活動

暮らし

メール・文書

特別付録

157

シーン

身内の集まり

身内が集まる冠婚葬祭などの席。たまにしか会わないからこそ、そのときの印象が強く残ります。言葉づかいに気をつけ、大人の振る舞いを心がけましょう。

身内の近況を聞く

✕ これはNG！ 「今どんな仕事をしてるんですか?」

○ お久しぶりです。最近はどのようなお仕事をされていますか?

または… 「お久しぶりです。お仕事は順調ですか?」

CHECK! 仕事の近況をたずねるときは、「お仕事はお忙しいですか?」「毎日お忙しそうですね」「大変ご活躍のようですね」などと話しかけましょう。

目上の人の近況を聞く

✕ これはNG！ 「今のお仕事はどのような感じでしょうか?」

○ ご無沙汰しております。最近はどのようなお仕事をしていらっしゃるのですか?

または… 「最近、お仕事はいかがでございますか?」

CHECK! 「されている」より「していらっしゃる」のほうが、より尊敬度の高い表現です。身内であっても目上の人に対しては、より高い敬意を表す尊敬語で話しましょう。

自分の近況を報告する

✕ これはNG！ 「なんとかやっています」

○ おかげ様で、順調に過ごしております。

または… 「おかげ様で、ようやく新しい仕事にも慣れてきたところです」

CHECK! 「おかげ様で」という言葉は、日頃の感謝を相手に伝えるフレーズです。たとえ実質的な助けがなくても、相手を立て、敬っていますという気持ちが込められています。

敬語の基本

社内

社外・訪問先

慣語応対

就職活動

暮らし

メール・文章

特別付録

家族の近況を報告する

✕ これはNG! 「みんな相変わらずですよ」

○ # おかげ様でこちらも皆、元気に過ごしております。

または… 「おかげ様で、家族一同つつがなく暮らしております」

CHECK! 大きな病気や災難もなく過ごせていることを報告します。「まあまあ」「相変わらず」という表現はネガティブに聞こえてしまうので避けましょう。

健康な身内に対するあいさつ

✕ これはNG! 「元気そうですね」

○ # お元気そうで何よりです。

または… 「お元気そうで安心しました」

CHECK! 無病息災を喜ぶ言葉をかけましょう。会っていない間も、相手を気にかけていたことが伝わるフレーズです。

身内の健康を案じてたずねる

✕ これはNG! 「病気をしたと聞きましたが、大丈夫ですか?」

○ # お加減はいかがですか?

または… 「お体の具合はいかがでしょうか?」

CHECK! 体調が悪い人や病気をした人に対しては、体調を気づかうひと言を。「その後、経過はいかがですか?」「どんなご様子ですか?」などでもよいでしょう。

兄嫁の両親など、血縁のない身内へのあいさつ

✕ これはNG! 「兄貴がお世話になってます」

○ # 兄がいつもお世話になっております。

または… 「兄がいつもお世話になりまして、ありがとうございます」

CHECK! 義理の関係の親戚には、特に丁寧な言葉づかいを心がけましょう。普段使っている「兄貴」や「お兄ちゃん」といった呼び方が出ないよう、注意しましょう。

159

暮らしに役立つあいさつとフレーズ

職場の上司のように、毎日顔を合わせる関係でなくても、近所の人や知人とは良好な人間関係を築きたいものです。自宅の前や町で出会ったときに、黙ってすれ違うのはマナー違反。天気や季節など共通の話題で、軽くあいさつを交わすよう心がけましょう。

天気・気候・季節に関するフレーズ

・いいお天気ですね。

・やっと晴れてくれましたね。

・午後から雨になるみたいですよ。

・今日は過ごしやすい天候ですね。

・すっかり春らしくなってきましたね。

・今年の桜は、そろそろ開花するそうですよ。

・お子様はもう春休みですか?

・お盆はどちらかに行かれるのですか?

・今年の冬は厳しいようですね。

・よいお年をおむかえください。

話題に困ったときに役立つテーマ

普段の会話でも、話題に困ったときは、きっかけとなるテーマから話を広げていくと自然な会話が続いていきます。テーマのヒントとなるキーワードの頭文字をつなげた言葉「きどにたてかけし衣食住」を覚えておきましょう。

「きどにたてかけし衣食住」

「き」季節・気候	例：	「昨日はすごい雨でしたが、大丈夫でした?」
「ど」道楽・趣味	例：	「やってみたいレジャーはありますか?」
「に」ニュース	例：	「今朝のニュースで聞いたんですが…」
「た」旅	例：	「最近、どこか旅行に行かれました?」
「て」テレビ	例：	「今流行っているドラマは観ていますか?」
「か」家族	例：	「ご両親はお元気でしょうか?」
「け」健康	例：	「お身体の調子はいかがですか?」
「し」仕事	例：	「お仕事、お忙しそうですね」
「衣食住」衣食住	例：	「すてきなバッグですね」「おいしいパン屋を見つけました」「お住まいはどちらですか?」

第 **7** 章

メール・ビジネス文書
「書く」敬語のマナーとコツ

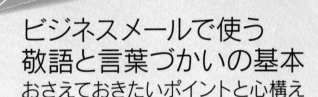

ビジネスメールで使う
敬語と言葉づかいの基本
おさえておきたいポイントと心構え

‖ POINT1 相手がストレスなく読めるメールが社会人としての評価につながる

対面での会話や電話と違い、情報を文字として残しておくことができるメール。これは大きなメリットではありますが、間違った敬語や内容のわかりにくい文章を書いていると、社会人としてマイナスな印象も同時に残すことになります。ビジネスメールの基本ルールを理解して、相手がストレスなく用件を読みとれるメールを書くようにしましょう。

● メールを送る際の基本ルール

1) 件名は、見ただけで内容がわかる工夫を

受信トレイの一覧に表示される件名は、相手がひと目見ただけで内容がわかるよう表記を工夫しましょう。「お世話になっております。○○です」といった件名では、相手がメールを開かないと内容がわからず、不親切な印象を与えます。

2) あいさつ文は簡潔に

ビジネスメールでは、手紙のような時候のあいさつは省略するのが基本です。日頃の感謝を伝える簡潔なあいさつ文を冒頭に入れましょう。
例:いつも大変お世話になっております。／平素は大変お世話になっております。

3) 機種依存文字・半角カタカナは使用を避ける

☎などの機種依存文字や半角カタカナは、相手の受信環境によっては文字化けを起こす可能性があります。またメールの形式も「HTML形式」だと相手が受信できない場合もあるので、原則として「テキスト形式」で送るようにしましょう。

4) TO、CC、BCC を使い分ける

メールの内容を複数の人と共有したいときは、「CC」や「BCC」を使い分けます。CCを使うと送り先全員のメールアドレスが見えてしまうので、個人情報の取り扱いには注意が必要です。他の人のメールアドレスを隠したい場合はBCCを使いますが、その場合は「BCCで失礼いたします」などと断りを入れましょう。

TO … 個人とのやり取り、または中心となる人物に送る場合に使用

CC … 複数の人と情報を共有したい場合に使用

BCC … 複数の人と情報を共有したいが、送り先のアドレスを公開したくない場合に使用

‖ POINT2　メールを返信する際は、相手からの文章を残しておくのがマナー

届いたメールに返信する際は、何の案件に対しての返答なのかを明確にしましょう。相手からの件名をすべて書き変えて返信したり、引用文をつけないで返信すると、受けた側は何についての返信かわからなくなってしまいます。件名は「Re:」をつけて内容を明確に、本文は全文引用で相手の文章を残し、状況に合わせて部分引用を活用しましょう。また、メールの返信はできれば24時間以内、遅くとも48時間以内にするのがマナー。すぐに返事ができない内容ならば、メールを確認したことや後ほど返答する旨を伝えるメールだけでも返信しておきます。

‖ POINT3　ビジネスメールの定型を活用し、機能的かつ読みやすいメール文を作成しよう

ビジネスメールは大きく分けると、件名、宛名、あいさつ文、本文、結びのあいさつ文、署名で構成されます。フォーマットとなる定型を活用し、状況に応じて書き分けていきましょう。

件名：【新商品】お打ち合わせについて／XYZ商会 鈴木❶

ABC株式会社
商品開発部
□□様

いつも大変お世話になっております。
株式会社XYZ商会の○○です。❷

お打ち合わせの日程について、ご連絡いたします。❸

お忙しい中、大変恐れ入りますが、
6月10日(火)から6月20日(金)までの間で、
新商品のご紹介のため2時間ほどお時間をお取りいただけませんでしょうか。❹

なお、日時につきましては、□□様のご都合のよいお日にちを
2、3日お知らせくださいますよう、よろしくお願い申し上げます。❺

どうぞよろしくお願いいたします。❻
－－－－－－－－－－－－－－－－－－－－－－－－－－
○○××(フルネーム)
株式会社XYZ商会　営業2部　DF営業課
〒105-0000 東京都港区X-X-X
TEL：03-○○○○-○○○○　FAX：03-△△△△△-△△△△
http://www.○○○○.co.jp ❼

---

❶件名はわかりやすく。余白があれば自分の名前を最後につけるとより丁寧に。　❷宛名と簡潔なあいさつを入れる。　❸結論やメール文の主旨を先に書く。　❹具体的な内容は結論のあとに記載する。　❺補足事項は最後にまとめる。　❻結びのあいさつを入れる。　❼署名を入れる。可能であれば、メールソフトの設定で自動的に署名を挿入できるようにしておくと便利。

状況別ビジネスメールの定型

メールのおおまかな構成の要素は変わらないものの、送る相手やその内容によって
文章の書き分けは必要です。ここでは状況別にメール文のフォーマットを紹介します。

|| 取引先（社外）への連絡メール

件名：【DF-7862】お見積書送付のご案内❶

□□株式会社
商品開発部 部長
△△様❷

平素より大変お世話になっております。❸
株式会社□□の○○でございます。

先日は弊社の商品DF-7862につきましてお見積りをご依頼いただき、ありがとうございます。

早速ですが、ご依頼のDF-7862に関するお見積りができ上がりましたので、
添付ファイルにてお送りします。❹

　ご不明な点がございましたら、ご連絡くださいますようお願い申し上げます。❺
どうぞよろしくお願いいたします。

（署名欄）

CHECK! 取引先へのメールでは、用件のほかに、不明点などがないかなど、相手への配慮の
文章を付け加えます。本文も敬語での表現を忘れずに。

❶商品名や企画名を【 】で記載し、案件がわかりやすい工夫を。　❷宛名には会社、部署、役職まできちんと入れる。　❸メールでは時候のあいさつ文はなくてもよいが、丁寧な言葉を心がける。　❹データファイルを添付する際は、本文内でも添付した旨を伝える。　❺不明点や不備がないか、相手への配慮を添える。

|| 取引先（社外）へのお礼のメール

件名：出張ではお世話になりました❶

（宛名）
（あいさつ文）

先日の出張では大変お世話になり、誠にありがとうございました。❷

ご多忙中にもかかわらず工場までご同行くださったこと、心より感謝いたしております。
おかげ様で非常に有意義な出張となりました。

東京においでの際には、ぜひおいしいお店にご案内させていただきます。
今後とも何卒よろしくお願い申し上げます。❸

（署名欄）

CHECK! お礼のメールは、できる限り早いタイミングで送るようにしましょう。感謝の気持ちと
ともに、今後も良好な関係を築いていきたいという思いを伝えます。

❶お礼のあいさつだとわかる件名に。　❷お礼の内容を具体的、端的に述べる。　❸結びのあいさつ文は必ず入れる。しばらく相手と会う機会がない場合は、「取り急ぎお礼を申し上げます」といった表現も。

敬語の基本

社内

社外・訪問先

電話応対

就職活動

暮らし

メール・文章

特別付録

‖ 関係者（社内）への業務連絡メール

件名：4月定例会議のお知らせ❶

関係者各位❷
いつもお世話になっております。❸

総務部の○○です。
表記のとおり、4月定例会議を開催いたします。
ご参加のほどよろしくお願い申し上げます。❹

なお、欠席される場合は前日4月14日（月）12時までに
総務部の○○（内線：××××）までご連絡をお願いいたします。

日時：4月15日（火）　13時～15時
場所：本社6F 大会議室❺
議題：「新製品の広告展開について」

（署名欄）

CHECk! 送信する相手が大勢いるときは、宛名には個人名を表記せずに「関係者各位」とし、社内の場合は、あいさつは簡潔に用件を伝えます。

❶何の業務連絡かすぐわかる内容に。　❷宛名は「皆様」「各位」などを使う。「各位」は敬称なので「各位様」などとしないこと。　❸業務連絡の場合、あいさつは簡素にする。　❹結論から書く。　❺日時や場所などは箇条書きでわかりやすく記載する。

‖ 上司（社内）への報告メール

件名：「プロジェクトリーダー研修」（8/22）のご報告❶

営業部第一課
○○課長

いつもお世話になっております。❷
営業部第二課の○○です。

先週開催いたしました「プロジェクトリーダー研修」が❸
無事完了いたしましたので、ご報告いたします。

・日時：8月22日（金）
・場所：横浜研修センター
・講師：□□大学教授　△△氏
・研修概要
　　1）リーダーが描くべきビジョン
　　2）組織と人を動かす
　　3）人事評価のスキルアップ❹

詳しい内容につきましては、報告書を添付いたしましたのでご覧ください。❺

（署名欄）

CHECk! 報告書などのメールは、長文にせず内容を箇条書きで表記します。メールはあくまで連絡手段なので、詳しい内容は別途資料を作成し添付します。

❶報告だとすぐにわかるような件名にする。　❷同僚や後輩へのメールは「お疲れ様です」でもOK。❸「例の研修ですが」などとせず、正式な名称を書く。　❹箇条書き、階層化を利用してわかりやすく記載する。　❺長くなる場合は文書を作成して添付し、その旨を明記する。

シチュエーション別に文章を使い分ける

メールの文章は、その内容によってさまざまな表現方法があります。ここでは、お礼や依頼といったシチュエーション別の実例文を紹介しています。164ページに掲載されているフォーマットをベースに本文を組み替えることで、正しいビジネスメールの作成に役立ててください。

[お礼のメール　※定型は「取引先（社外）へのお礼のメール」（164ページ）を参照。]

●打ち合わせへのお礼
先日はお忙しいところ貴重なお時間をいただき、ありがとうございます。
早速ご希望に沿った企画をまとめまして、改めてご提案にうかがいたいと存じます。

●資料送付のお礼
先日お願いいたしました資料、本日拝受いたしました。
お手数をおかけしまして申し訳ございません。心より感謝申し上げます。

●会食のお礼
先日はおいしいお食事をごちそうになりまして、ありがとうございました。
たくさんのお話をうかがうことができ、とても勉強になりました。

●商品発注のお礼
このたびは弊社の△△をご注文いただきまして、誠にありがとうございます。
今後とも○○様にご満足いただけるよう、精進してまいります。

[依頼のメール　※定型は「取引先（社外）への連絡メール」（164ページ）を参照。]

●資料送付の依頼
詳しい資料をご送付いただきたくご依頼申し上げます。
お手数をおかけしますが、どうぞよろしくお願いいたします。

●見積もりの依頼
早速ですが、先日ご説明いただいた貴社の製品の購入を
検討させていただきたく存じます。
下記の内容でお見積りをご送付くださいますよう、お願いいたします。

　記
1.商品名：○○○○（品番0000-1111）
2.数量：1000個
3.希望納期：202X年○月○日

以上です。何卒よろしくお願いいたします。

●日程変更の依頼
○月○日×時からのお打ち合わせですが、大変申し訳ございません。
（※理由を記載）のため、誠に申し訳ございませんが、
可能でしたら○月○日以降に変更をお願いできませんでしょうか。
勝手を申し上げまして大変恐れ入りますが、
ご検討くださいますようよろしくお願い申し上げます。
（※状況によっては、新たな日程の候補日をいくつか提案する）

敬語の基本

社内

社外・訪問先

電話応対

就職活動

暮らし

メール・文章

特別付録

[謝罪のメール　※定型は「取引先（社外）への連絡メール」（164ページ）を参照。]

●納期遅延への謝罪

このたびは、○○（※具体的な理由を記載）による納期遅延により、
多大なご迷惑をおかけしておりますことを、深くお詫び申し上げます。

●品切れに対するお詫び

ご注文いただいた○○ですが、現在品切れとなっており、
皆様にご迷惑をおかけしております。
ご要望に添えず、誠に申し訳ございません。
（※可能であれば、入荷予定時期の案内を記載）

●社員の不手際に対する謝罪

弊社の社員が○○様に不快な思いをさせてしまいましたこと、
心よりお詫び申し上げます。
今後はこのようなことのないよう、社員教育を徹底してまいります。
改めてお詫びにうかがう所存ではございますが、
取り急ぎ、書面にて○○に関するお詫びを申し上げます。

●依頼に対しての断り

このたびは○○のご依頼、誠にありがとうございました。
誠に不本意ながら、（※具体的な理由を記載）のため、
お引き受けすることが難しい状況です。
何卒事情ご賢察の上、ご了承くださいますようお願い申し上げます。

[転任（転勤）のあいさつ　※定型は「取引先（社外）への連絡メール」（164ページ）を参照。]

この度人事異動により、○月○日付けで東京本社○○部勤務となりました。
大阪支社在任中、○○様には大変お世話になりました。
ここに改めてお礼を申し上げます。
新任地におきましても、今まで以上に業務に精励する所存でございます。
今後とも変わらぬご指導ご鞭撻のほど、よろしくお願い申し上げます。

[移転のお知らせ　※定型は「取引先（社外）への連絡メール」（164ページ）を参照。]

この度、当社は業務拡張にともない、
下記のとおり移転することになりましたのでお知らせいたします。
これを機に社員一同、より一層のサービス強化に努め、
皆様のご期待にお応えしてまいりたいと存じます。

[退職のあいさつ　※定型は「取引先（社外）への連絡メール」（164ページ）を参照。]

私事で恐縮ですが、一身上の都合により株式会社○○を退職することとなりました。
在勤中は公私にわたって大変お世話になり、誠にありがとうございました。
皆様のますますのご活躍とご健康を、心よりお祈り申し上げます。

ビジネス文書で使う
敬語と言葉づかいの基本
おさえておきたいポイントと心構え

|| POINT1 **社外文書は会社を代表して送る文書。**
社内文書は連絡・報告・指示のための文書

社外文書は会社を代表して先方に送る文書です。用件をわかりやすくまとめるだけでなく、書式や言葉づかい、表現方法にも細心の心配りをしなければなりません。対して社内文書は、社内における連絡・報告・指示等のために作成する文書です。前文（あいさつ文）などの儀礼的な部分は省略し、迅速かつ正確な情報の伝達が一番の目的となります。こうした違いを把握した上で文書を作成しましょう。またビジネス文書は社外・社内を問わずA4サイズに横書きが基本です。

● 読みやすいビジネス文書のコツ

１）改行や箇条書き、表組みなどで情報を整理する工夫を

書面が真っ黒に見えるような長文での説明は、わかりにくく相手に伝わりません。適切な箇所に句読点を打つ、改行で余白をつくるなど、読みやすくなるよう工夫します。また、表組みや箇条書きを使うことで、情報を整理することができます。箇条書きは階層化するとさらにわかりやすくなります。

２）情報は、結論から詳細、補足へ

記載する情報は、まず一番伝えたい結論を述べてから詳細（理由）を記載し、最後に補足事項（提案）を盛り込みます。最後の一文まで読まないと主旨や結論がわからないような文書は、ビジネス文書としては適していません。

|| POINT2 **書面として正式に残るものだからこそ、**
情報の記載ミスや誤字がないか必ず確認を

ビジネス文書は、そこに記載されている情報が書面として残ります。だからこそ余計に、情報の記載もれや誤字・脱字、失礼な表現をしていないかなど細心の注意をはらいましょう。特に、金額や数量、品番、日時といった書き間違いは大きなトラブルにつながる可能性もあります。文書を書き終えたあとは、必ず丁寧に読み返し、間違いがないか確認する習慣を身につけておきましょう。

縦読みの基本

社内

社外・訪問先

電話応対

就職活動

暮らし

メール・文章

特別付録

|| POINT3 ビジネス文書の定型を活用し、機能的かつ読みやすい書面を作成しよう

ビジネス文書は、宛名、署名のほかに、タイトル、前文（あいさつ文）、主文、末文、記書き、副文で構成されます。メールよりもかしこまった文書としてのルールがあるので、記載する内容や相手に合わせ、ふさわしい書式を守って作成しましょう。

令和X年X月X日❶

ABC株式会社
商品開発部　○○○○様❷

株式会社XYZ商会
営業部　○○○○❸

資料送付のご案内❹

拝啓❺　新緑の候、貴社ますますご清栄のこととお慶び申し上げます。
○○様におかれましてはますますご健勝のこととお慶び申し上げます。平素は格別のお引き立てをいただき、厚く御礼申し上げます。❻　［前文］

　さて、先般は当社製品「ガーデンプラスL」についてお問い合わせいただき、誠にありがとうございます。つきましては、当該商品のカタログとパンフレットを送付させていただきます。何卒ご検討くださいますようお願い申し上げます。❼　［主文］

　今後ともご愛顧を賜りますよう、よろしくお願い申し上げます。　［末文・結語］
敬具❽

記❾

同封書類
カタログ「緑のある暮らし」　　　1部　［記書き］
パンフレット　　　　　　　　　1部

　なお、ご不明点等ございましたら、お気軽にお問い合わせくださいますようお願い申し上げます。❿　［副文］

以上

---

❶発信した日付を右寄せで入れる。　❷**宛名**／会社宛なら「御中」、個人宛なら「様」。所属や役職は省略せず記載する。役職をつける場合は「○○課長」ではなく「課長　○○様」とする。　❸**差出人**／文末を右寄せで入れる。会社の住所や連絡先を併記することもある。連名で出す際には役職の高い順に書く。　❹**タイトル**／内容がひと目でわかるものにする。「○○のお知らせ」「○○につきまして」「〜のご案内」「〜のお願い」などが一般的。また、ひとつの文書に複数の用件をまとめるのはNG。1文書につき1用件が原則。中央揃えで文字を大きくする、太字を使うなど、目立たせる工夫をする。　❺**頭語**／「。」はつけず1文字空ける。「前略」の場合は改行する。　❻**前文**／頭語とあいさつの部分。社外に送る文書の場合は、前文をつける。　❼**主文**／結論の部分。　❽**末文・結語**／結びの言葉（末文）と結語の部分。前文がある場合は末文も記す。　❾**記書き**／箇条書きなどで詳細を記載する。　❿**副文**／補足があれば最後に書く。

状況別ビジネス文書の定型

ビジネス文書のマナーとして必要な項目はもちろん、全体のバランスも考慮しながら
文書を作成しましょう。ここでは社内・社外宛ての状況別フォーマットを紹介します。

状況別ビジネス文書の定型

‖ 案内状（社外文書）

令和X年X月X日

株式会社□□□□
△△△△部
○○○○様

株式会社□□□□
△△△△部
○○○○

新製品展示会のご案内

拝啓　立春の候、貴社ますますご清栄のこととお慶び申し上げます。
平素は格別のご愛顧を賜り厚く御礼申し上げます。❶

　❷さて、弊社ではこのたび、毎年恒例の新製品展示会を下記のとおり開催することとなりました。
今回は、かねてより開発を進めてまいりました「○○○○○」の展示も予定しております。
　つきましては、下記のとおり展示会を開催いたします。
ご多忙なところ誠に恐縮ではございますが、この機会に是非ご来臨賜り、ご高覧いただきたくご案
内申し上げます。

敬具

記
日時　令和X年X月X日(水)～X年X月X日(金)
時間　10:00～17:00（最終日のみ10:00～15:00）
会場　銀座○○ビル　4F
　　　東京都中央区○○X-X-X
　　　電話：XX-XXXX-XXXX❸
　　　（同封の資料に案内図がございます）❹

CHECK!　案内状では簡潔な文章を意識しつつも、展示会や商品などの魅力がアピールでき
るような文言を記載しましょう。

❶顧客に送付する社外文書なので、あいさつをきちんと書く。　❷「さて」「ところで」か
ら本題を始める。　❸日時や場所等は別記する。　❹同封した資料等に詳細がある場合
は、その旨を記載する。

170

お礼状（社外文書）

❶

❷ 謹啓

陽春の候、貴社ますますご清栄のこととお慶び申し上げます。日頃は格別のご高配を賜り
厚く御礼申し上げます。

❸ この度は弊社製品をお買い上げいただきまして、誠にありがとうございます。

数ある中から弊社にご用命を賜りましたこと、大変光栄に存じております。今後とも末永
くお付き合いくださいますよう、よろしくお願い申し上げます。

お買い上げの製品につきまして、ご不満やご要望などがございましたら、ご遠慮なくお申
し付けください。

これからも弊社製品をご愛顧いただけますよう、社員一同努力してまいります。

まずは、お買い上げの御礼とご挨拶を申し上げます。

敬白

令和X年X月X日 ❹

株式会社□□□□
△△△△部
○○○○
❺

□□□□株式会社
△△△△部 ○○○○様
❻

CHECK! お礼状やお悔やみ状、目上の人への改まった文書などは、縦書きにすることで、最大限の敬意を伝えることができます。一般的なビジネス文書のような情報の伝達ではなく、心情を伝えることが目的なので、言葉の表現にも失礼のないよう注意しましょう。また、お礼状やお悔やみ状は、なるべく早く出すようにします。時間が経てば経つほど相手に対して失礼にあたるので、誠意を込めた応対を。

❶お礼状やお悔やみ状では、縦書きの書式とする。　❷お礼状やお悔やみ状では、タイトルをつけない。　❸お礼状の場合は前文をつけるが、お悔やみ状の場合は前文をつけない。❹発信した日付を上付きに入れる。　❺発信者名は下付きで記載する。　❻縦書きの場合、宛名は最後に上付きに入れる。表記はフルネーム＋敬称が基本。本文よりもやや大きめの字で書くことで、相手への敬意を示す。

令和X年X月X日

株式会社□□□□
△△△△部
○○○○様

株式会社□□□□
△△△△部
○○○○

商品不良のお詫び

謹啓　貴社におかれましてはますますご清栄のこととお慶び申し上げます。
平素は格別のご厚情を賜り、心よりお礼申し上げます。❶

　さて、X月X日納品いたしました「○○○」に、一部不良品があったとのご指摘をいただきましたこと、誠に申し訳ございません。深くお詫び申し上げます。❷

　取り急ぎ代替品を準備いたしましたので、ご査収いただきますようお願い申し上げます。❸

　日頃より商品管理には細心の注意を払ってまいりましたが、今回の不良品混入は製造工程ラインの不備によるものと考えられます。原因がわかり次第、改めてご報告申し上げます。

　貴社には大変なご迷惑をおかけいたしました。今後は二度とこのようなことのないよう、社員一同全力を尽くす覚悟でございますので、どうか今後とも変わらぬお引立てをお願い申し上げます。❹

　まずは取り急ぎ、書面にてお詫び申し上げます。❺

敬具

CHECK!　ビジネスシーンでの謝罪は対面で行うのが原則ですが、早急にお詫び状を送ることで、強い謝罪の気持ちを伝えます。
❶前文を入れる。　❷最初に謝罪する。　❸対応策をきちんと記載する。　❹通常よりも丁寧な言葉づかいを心がける。　❺「取り急ぎ」という言葉で、改めて対面にて謝罪する意思があることを伝える。

令和X年X月X日

本社営業部　課長各位❶

経営企画部
○○○○

書類提出のお願い

❷

　次年度の予算計画作成のため、以下の資料が必要となりますので、提出をお願いいたします。❸

　なお、書式は通例のものをお使いください。

　不明な点がありましたら、業務部までお問合せください。

記

1. 資料名	1) 上期決算の概況
	2) 下期売上高見込み
2. 提出期限	令和X年X月X日
3. 問合せ先	業務部 ○○○○（内線 1234）❹

以上❺

CHECK! 社内文書では、頭語や結語、日頃の感謝を伝えるあいさつ、時候のあいさつなどは省略し、業務の内容を簡潔に伝えます。また敬語の表現に関しても、社外文書で使う「お願い申し上げます」といったものではなく、「お願いいたします」で問題ありません。相手が読んで不快にならない言葉づかいと、要点のわかりやすい文章が求められます。ただし、始末書や進退伺といったトラブルによる上司への報告書などの本文は、事務的な文章ではなく状況に合った敬語と言葉づかいが大切です。

❶社内文書なので、宛名と差出人の会社名は省略する。　❷社内文書なので、あいさつ等は省略する。　❸文章は簡潔に、わかりやすく書く。　❹詳細は箇条書きにする。
❺社内文書の場合、締めの言葉は「以上」とする。

敬語の基本

社内

社外・訪問先

電話応対

就職活動

暮らし

メール・文章

特別付録

前文の基本ルールを覚えよう

ビジネス文書の前文は、本題に入る前に相手に対する敬意を示すための儀礼的な要素で、頭語や時候のあいさつ、相手を気づかう文言や感謝の言葉などを組み合わせて構成されています。それぞれにルールがあるので、まずは基本的な組み合わせを理解しておきましょう。

[頭語と結語]

社外の人に手紙やビジネス文書を書くときは、頭語（拝啓など）と結語（敬具など）を使います。頭語は「こんにちは」、結語は「さようなら」にあたる言葉と覚えておきましょう。頭語と結語にはさまざまな種類があり、それぞれに決まった組み合わせがあります。相手や状況によって頭語・結語を使い分けましょう。

頭語と結語の組み合わせ例（※表記の仕方：頭語→結語）

● **一般的な文書**
拝啓→敬具／拝呈→拝具 など
「拝啓→敬具」の使用が最も一般的。

● **改まった文書**
謹啓→敬白（または謹言）／謹呈→謹言（または敬白）など

● **前文省略の場合**
前略・冠省→草々（または不一）など
「前略→草々」の使用が最も一般的。前文省略の場合、あいさつなどを省いて用件に入る。簡単な連絡や親しい間柄で使うもので、目上の人に対しては失礼になるのでビジネス文書での使用は避ける。お悔やみ状やお見舞い状、抗議文などに使われることもある。

● **緊急の場合**
急啓・急呈・急白→草々（または敬具）など
お悔やみ状やお見舞い状などで使われることが多い。

● **初めて送る場合**
初めてご連絡（お手紙）を差し上げます。→敬具（または敬白・謹言）など
突然ご連絡（お手紙）を差し上げる失礼をお許しください。→敬具（または敬白・謹言）など

● **返信する場合**
拝復・啓復・謹復→敬具（または謹言・拝答）

[安否のあいさつ]

時候のあいさつに続くのが、安否のあいさつです。「いかがお過ごしですか?」というような意味だと覚えておきましょう。相手の繁栄、活躍、健康等を一緒に喜ぶという気持ちを表します。

貴社ますますご清栄のこととお慶び申し上げます。
御社におかれましては、いよいよご盛栄のこととお慶び申し上げます。
皆様におかれましては一層ご活躍のことと存じます。

敬語の基本

社内

社外・取引先

電話応対

就職活動

暮らし

メール・文章

特別付録

[感謝のあいさつ]

相手への日頃の感謝を表すあいさつで、「いつもお世話になっております」という意味です。安否のあいさつに続けて記します。頭語からここまでが前文です。

平素は格別のご高配を賜り、厚く御礼申し上げます。
平素は格別のご厚誼（こうぎ）にあずかり、謹んで深謝申し上げます。
日頃はひとかたならぬ御愛顧をいただき、心より御礼申し上げます。

[時候のあいさつ]

時候のあいさつとは、その月や季節にふさわしいあいさつのこと。一般的に、頭語のあとに続きます。なおビジネス文書では、長文の時候のあいさつはあまり使用せず、「○○の候」といった、漢語調を使うのが一般的です。

●よく使われる時候のあいさつ

1月	新春の候・初春の候・寒冷の候・厳寒の候 寒さ厳しき折・日ごとに寒さが増してまいりますが
2月	立春の候・晩冬の候・春寒の候・余寒の候 余寒なお厳しい折・立春とは名ばかりの寒さが続きますが
3月	早春の候・浅春の候・春分の候 日増しに暖かくなりましたが・日ごとに春めいてまいりましたが
4月	陽春の候・春暖の候・桜花の候 春たけなわの今日この頃・春光うららかな季節となりましたが
5月	新緑の候・立夏の候・晩春の候 風薫る季節となりましたが・初夏を思わせる陽気となりましたが
6月	梅雨の候・初夏の候・長雨の候 長雨が続く毎日・長かった梅雨もようやく上がり
7月	盛夏の候・猛暑の候・大暑の候 青空のまぶしい季節となりましたが・厳しい暑さが続きますが
8月	立秋の候・残暑の候・晩夏の候 暑さもようやく峠を越し・残暑厳しい今日この頃
9月	初秋の候・新秋の候・清涼の候 残暑も和らぎ・爽やかな季節を迎え・朝夕はめっきり涼しく
10月	紅葉の候・仲秋の候・秋雨の候 爽やかな秋晴れの続く季節となりましたが・日ごとに秋も深まり
11月	晩秋の候・暮秋の候・向寒の候 紅葉が美しい季節となりましたが・朝夕冷え込むこの頃
12月	師走の候・歳末の候・初冬の候・寒冷の候 寒さが身にしみる季節となりました・年の瀬もいよいよ押し迫り

と言われるPOINT

さすが！

書き言葉ならではの丁寧な表現

「書く敬語」には、同じ意味を持ちながら、「話す敬語」よりも丁寧な表現があります。形式や格調を重視するメールやビジネス文書では、こうした言葉を使用します。より改まった姿勢を強く伝えたいときには、あえて「書く敬語」を活用するとよいでしょう。

| お礼 | ●「ありがとうございます」 |

厚くお礼申し上げます。／心より御礼申し上げます。／深く御礼申し上げます。
謹んでお礼を申し上げます。

| お願いする | ●「よろしくお願いいたします」 |

心よりお願い申し上げます。／何卒よろしくお願いいたします。／～いただけると幸いです。
謹んでお願い申し上げます。

| 知らせる | ●「お知らせいたします」 |

お知らせ申し上げます。／書中をもちましてお知らせ申し上げます。
取り急ぎお知らせ申し上げます。

ビジネス文書でよく使う用語

ビジネス文書では、話し言葉より、より改まった表現が求められるため、「ご高配」や「ご高覧」など、言葉そのものに敬意が込められた用語を多く使用します。社会人として、美しく失礼のない文章を書くために、こうした用語をぜひ覚えておきましょう。

愛顧（あいこ）	目をかけ、引き立てること	「ご愛顧いただき 誠にありがとうございます」
高配（こうはい）	相手を敬い、 その心配りをさす	「ご高配を賜り 誠にありがとうございます」
高覧（こうらん）	相手が見ることを敬った表現	「ご高覧いただきますよう」
査収（さしゅう）	確認の上、受け取ってもらうこと	「ご査収くださいますよう」
笑納（しょうのう）	贈り物を、相手に笑って 受け取ってもらうこと	「ご笑納くださいますよう」
拝受（はいじゅ）	受け取ることを へりくだっていう表現	「拝受いたしました」
尽力（じんりょく）	目的のために力を尽くすこと	「ご尽力くださり」
力添え（ちからぞえ）	力を貸す、手助けすること	「お力添えくださり」

使える! 伝わる!

敬語と言葉づかい ソク引き一覧

ビジネスシーンや日常でよく使う敬語と言葉づかい、覚えておくと便利な用語を一覧にまとめました。ぜひ活用し、正しい敬語でのコミュニケーションに役立てましょう。

よく使う言葉の敬語一覧

用語	尊敬語	謙譲語	丁寧語
ある	おありになる	－	あります ございます
いる	いらっしゃる おいでになる	おる	います
する	される　なさる	いたす　させていただく	します
行く	いらっしゃる おいでになる お越しになる お出かけになる	うかがう まいる	行きます
来る	いらっしゃる おいでになる お越しになる	まいる	来ます
帰る	お帰りになる	失礼する おいとまする	帰ります
会う	会われる お会いになる	お会いする お目にかかる	会います
待つ	お待ちになる	お待ちする	待ちます
言う	言われる おっしゃる	申し上げる 申す	言います
話す	お話しになる	お話しする	話します
たずねる	おたずねになる	うかがう おたずねする	たずねます

用語	尊敬語	謙譲語	丁寧語
答える	お答えになる	お答えする	答えます
承諾する	－	かしこまる 承知する 承る	承諾します
聞く	お聞きになる 聞かれる	うかがう お聞きする	聞きます
聞かせる	お聞かせになる	お聞かせする お耳に入れる	聞かせます
思う	お思いになる 思われる	存じる	思います
知る	ご存じ	存じ上げる	知ります
読む	お読みになる 読まれる	拝読する	読みます
書く	お書きになる	お書きする	書きます
見る	ご覧になる 見られる	拝見する	見ます
見せる	お見せになる お示しになる	お見せする お目にかける ご覧に入れる	見せます
やる 与える	ご恵与くださる	差し上げる	やります
もらう	お受け取りになる お納めになる	いただく 頂戴する	もらいます
借りる	お借りになる 借りられる	お借りする 拝借する	借ります
食べる	召し上がる お上がりになる	いただく 頂戴する	食べます
飲む	召し上がる お上がりになる お飲みになる	いただく 頂戴する	飲みます
買う	お買いになる 買われる お求めになる	買わせていただく	買います
着る	お召しになる 着られる	着させていただく	着ます

「人」や「会社」に関する言葉

用語	敬語
僕、私	わたくし
僕たち、私たち	わたくしども
あなた	貴殿
自分の会社	弊社／当社
相手の会社	御社 貴社 （主に文面で使用）
自分の会社の人	弊社の者／当社の者
相手の会社の人	御社の方 貴社の方 （主に文面で使用）
お父さん お母さん	父／父親 母／母親

用語	敬語
相手のお父さん 相手のお母さん 両親	お父様／ご尊父（そんぷ）様 お母様／ご母堂（ぼどう）様 ご両親様／親御（おやご）様
夫 妻	夫 妻／家内／女房
息子 娘	せがれ／息子 娘
相手の旦那さん 相手の奥さん	ご主人様 奥様
高齢者	ご年配の方 お年を召された方
どの人	どなた様 どの方
あの人	あの方
みんな	みなさま　ご一同様

「日付」や「時間」に関する言葉

用語	敬語
今日	本日（ほんじつ）
昨日（きのう）	昨日（さくじつ）
一昨日（おととい）	一昨日（いっさくじつ）
明日（あした）	明日（あす） 　　　（みょうにち）
明後日（あさって）	明後日（みょうごにち）
今日の朝	今朝（けさ）ほど
今日の夜	今夜（こんや） 今晩（こんばん）
昨日の夜	昨夜（さくや）
明日の朝	明朝（みょうちょう）
明日以降	後日（ごじつ）
今年	本年（ほんねん）

用語	敬語
去年	昨年
一昨年（おととし）	一昨年（いっさくねん）
今	ただ今
さっき	先ほど
このあいだ	先日
前に	以前に
今度	このたび
これから	今後
あとで	のちほど
少し、ちょっと	少々
もうすぐ	まもなく
すぐに	さっそく ただちに

敬語の基本

社内

社外・訪問先

電話応対

就職活動

暮らし

メール・文書

特別付録

「場所」や「数」に関する言葉

用語	敬語
ここ／こっち	こちら
あっち	あちら
そっち	そちら
どこ／どっち	どちら
家	お宅　貴宅
住んでいる土地	御地　貴地
一人	お一人（ひとり）様

用語	敬語
二人	お二人（ふたり）様 お二方（ふたかた）
三人	お三方（おさんかた）
一つ	おひとつ
いくつ	おいくつ
いくら	いかほど おいくら
～ぐらい	～ほど

覚えておくと便利な用語集

自愛 （じあい）	自分を大切にすること	「時節柄ご自愛ください」
急逝 （きゅうせい）	急に亡くなること	「急逝されました」
教示 （きょうじ）	知識や方法を教え示すこと	「ご教示ください」
教授 （きょうじゅ）	学問や技芸を教え伝えること	「ご教授ください」
苦慮 （くりょ）	心配し思い悩むこと	「苦慮しております」
逝去 （せいきょ）	人を敬ってその死をさす言葉	「逝去されました」
捺印 （なついん）	印を押すこと、その印影	「ご捺印をお願いいたします」
配慮 （はいりょ）	心をくばること、心づかい	「ご配慮に感謝いたします」
訃報 （ふほう）	人の死亡の知らせ	「○○様のご訃報に接し」
芳名 （ほうめい）	相手を敬ってその姓名をさす言葉	「ご芳名をご記入ください」
容赦 （ようしゃ）	失敗やあやまちを許すこと	「何卒ご容赦くださいませ」
用命 （ようめい）	用事を言いつけること	「ご用命をお待ち申し上げます」

祝電・弔電

祝電や弔電では、あまり個人的な内容や長文は避け、忌み言葉を使わないように注意しましょう。社内の人に部署を代表して送るのであれば、「○○株式会社○○部一同」とするのが一般的ですが、取引先の場合は、代表者名や上司の名前で出すこともありますので、上司や総務の担当者に確認したほうがよいでしょう。

祝電の文章例

1) 表彰・受賞の場合

長年にわたるご努力に敬意を表し、心より祝辞を述べさせていただきます。
今後、ますますご健勝で、後進の指導にご尽力されますよう、祈念いたします。

2) 結婚の場合

ご結婚おめでとうございます。
世界一幸せなお二人に、○○部一同、心からのお喜びを申し上げます。
長い人生をともに助け合って、素晴らしい家庭を築いてください。
お二人のご多幸とご発展をお祈りいたします。

ご結婚おめでとうございます。
お二人の新生活の門出を心から祝福申しあげます。
これからは二人三脚で素晴らしいご家庭を築かれますようお祈りいたします。
末ながくお幸せに。

弔電の文章例

●先方の父親が亡くなった場合

○○様のご逝去を悼み、謹んでお悔やみ申し上げますとともに、
心よりご冥福をお祈りいたします。

ご逝去の知らせを受け、ただただ驚いております。
故人のご功績を偲び、謹んで哀悼の意を表します。

ご尊父様のご訃報に接し、心から哀悼の意を表します。
安らかにご永眠されますようお祈りいたします。

敬語の基本

社内

社外・訪問先

電話応対

就職活動

暮らし

メール・文書

特別付録

正しい敬語を一発検索！

場面別 50音インデックス

本書で紹介した全実例（第2章〜第6章）を、場面別に一覧にまとめました。ビジネスシーンや日常でのさまざまなシチュエーションから、実例が簡単に調べられます。検索しやすい50音順になっていますので、ぜひ本書を手元に置いて活用してください。

インデックスの見方

シチュエーション	実例文	掲載ページ
↓	↓	↓
自己紹介をする	「○○○と申します。どうぞよろしくお願いいたします」	020

‖ あいさつする

控室などで親族に会ったときの言葉

|| アポイントをとる

|| 謝る

|| 悼む

|| 祝う

‖ お礼をする

‖ 確認する

‖ 気づかいを受ける

敬語の基本

社内

社外・訪問先

電話応対

就職活動

暮らし

メール・文書

特別付録

‖ 希望する

‖ 声をかける

‖ 断る

‖ 誘う

敬語の基本

社内

社外・訪問先

電話応対

就職活動

暮らし

メール・文書

特別付録

∥ 譲る

∥ 要求する

∥ 連絡する

∥ 渡す

敬語の基本

社内

社外・訪問先

電話応対

就職活動

暮らし

メール・文章

特別付録

[監修] **NPO法人　日本サービスマナー協会**

経験豊富な講師陣により、マナー研修や講座、各種セミナーなどを、オンラインを含めて開催している。その範囲は広く、エアライン、ホテル、旅行、ブライダル、病院など、接客サービスが求められる業界の研修をはじめ、一般企業の社員研修やビジネスマナー教育、「接客サービスマナー検定」なども行う。『伝わる！信頼される！大人の言いかえ事典』『人もお金も引き寄せる　大人の気くばり帖　新装版』(すべてGakken)など、監修多数。
● 公式サイト
https://www.japan-service.org/

● 本書は、2014年3月刊行『使える！伝わる！敬語と言葉づかい　マナーの便利帖』(Gakken)を一部加筆し、再編集したものです。

[STAFF]

編集	秋山美津子／荒井風野 (SUPER MIX)
	山崎潤子
デザイン・DTP	成宮成 (ディグ)
イラスト	石山沙蘭
装幀	金井久幸 (TwoThree)
装画	hamahouse
校正	株式会社東京出版サービスセンター

敬語と言葉づかい マナーの便利帖　新装版

2024年4月9日　第1刷発行
2024年7月8日　第2刷発行

監修	NPO法人　日本サービスマナー協会
発行人	土屋 徹
編集人	滝口勝弘
編集担当	浦川史帆
発行所	株式会社Gakken
	〒141-8416
	東京都品川区西五反田2-11-8
印刷所	中央精版印刷株式会社

≪この本に関する各種お問い合わせ先≫
● 本の内容については
　下記サイトのお問い合わせフォームよりお願いします。
　https://www.corp-gakken.co.jp/contact/
● 在庫については
　☎ 03-6431-1250 (販売部)
● 不良品 (落丁、乱丁) については
　☎ 0570-000577
　学研業務センター
　〒354-0045　埼玉県入間郡三芳町上富279-1
● 上記以外のお問い合わせは
　☎ 0570-056-710 (学研グループ総合案内)

学研グループの書籍・雑誌についての新刊情報・詳細情報は、下記をご覧ください。
学研出版サイト　https://hon.gakken.jp/